藍學堂

學習・奇趣・輕鬆讀

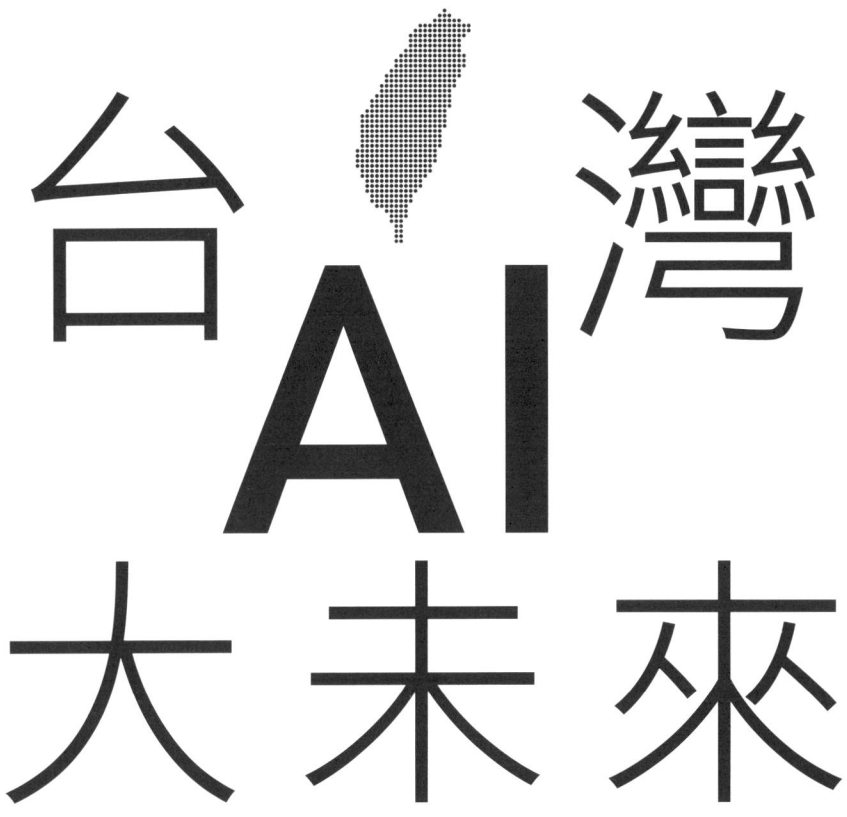

台灣 AI 大未來

解析最新的 AI 趨勢、台灣情勢、企業布局與個人發展

簡立峰 —— 著　蕭玉品 —— 採訪整理

目錄

前　言　1：99 的挑戰　005
致　謝　012

PART I　AI 時代

第 1 章　電腦開始說人話，AI 化身副駕　017
第 2 章　AI 應用落地，最大戰場從電商開始　023
第 3 章　技術應用轉向情感需求，AI 療癒、陪伴商機大爆發　031
第 4 章　技術持續發展，AI 代理成為下一波浪尖　035
第 5 章　AI 入場券太昂貴，發展高度集中　045
第 6 章　窮人的原子彈 DeepSeek，AI 世界的再平衡　057
第 7 章　美中新冷戰，AI 重中之重　065
第 8 章　護國神山台積電，AI 大戰的 X 因子　073
第 9 章　網路開放性面臨挑戰，要 Open，才有 AI　079
小　結　AI 是機會也是風險　085

PART II　台灣未來

第 10 章　美中分流，做「世界的台灣」　093
第 11 章　投入智慧製造，加速 AI 轉型　099
第 12 章　從雲到端、由硬到軟，
　　　　　讓台灣黑熊變獨角獸　105

第 13 章　小心國家級數位落差，軟體強才有主權 AI　115

第 14 章　應對高齡化、少子化衝擊，發展機器人　125

小　　結　把握黃金十年，突破數位孤島　133

企業篇

第 15 章　敢轉向的有競爭機會，快快讓員工賦能　143

第 16 章　百工百業先用再說　151

第 17 章　當 AI 變員工、同事，一人企業當道　161

第 18 章　資料工程是核心，從記錄聲音、影像開始　167

第 19 章　在巨人肩膀上堆積木，尋求垂直整合機會　173

第 20 章　用魔法打敗魔法，以 AI 對抗 AI　181

小　　結　從知識經濟進化到創新經濟，
　　　　　加緊培育 GDP 人才　185

個人篇

第 21 章　向 AI 學習前，先了解它的能與不能　193

第 22 章　80 分才及格的年代，要做「π」型人才　201

第 23 章　寫程式不等於懂 AI　207

第 24 章　薑是老的辣，老一輩第一次有了優勢　211

第 25 章　語言模型是文字接龍，用「問問題」代替解題　215

第 26 章　如何問一個好問題？　219

第 27 章　AI 可以當老師，但要小心大腦外包　223

第 28 章　師法 AI 超級使用者　229

第 29 章　AI 時代，軟實力無可替代　235

小　　結　讓 AI 來翻轉個人學習與國家教育　239

結　語　我們都是 AI 世代　243

前言

1：99 的挑戰

2020 年 1 月 31 日，在經歷七個多月的工作移轉和交接後，我正式卸下 Google 台灣董事總經理和第一號員工的身分。休息了十天，我便接著投入新創圈，擔任 Appier、iKala 等 AI 新創公司的獨立董事，想協助台灣數位領域的創業家出海，成為國際上的標竿企業。

原本以為過著「幫助別人」的生活可以輕鬆一點，沒想到 2022 年 11 月 ChatGPT 推出、生成式 AI 問世後，我似乎變得比過去還忙。兩年多來，為了跟上 AI 的發展腳步，我參與逾百場演講、寫了超過五十篇專欄，陸續累積不少對這個時代的全面觀察。

潛意識裡，我知道 AI 時代會來，因為早在生成式 AI 出現前，我便對 AI 的潛力有深刻體會。只是我沒想到，一切會來得那麼快、那麼猛。

見證 AI 潮流發展

2017年，Google發表Transformer架構❶，徹底改變機器學習的能力，ChatGPT便是將Transformer應用於對話上的成功體現。Transformer技術推出不久，大兒子正好以大型語言模型應用為題，撰寫碩士論文，我正在準備退休，乾脆擔任他的學伴，學習十年沒碰的語言模型。結果意外地貼近技術視角，見證這波生成式AI如何顛覆舊有的AI思維浪潮。

那時，我們還在懷疑AI的對話能力，認為它不過是在龐大資料中，用機率去猜下一個字，做著無盡的窮舉，不可能不透過真正的理解，就能學會像人類一樣的自由對話。但是，Transformer出現後，一切都改變了。當時，史丹佛大學（Stanford University）有一份給AI做的電腦閱讀測驗SQuAD，結果基於Transformer的生成式AI，不僅直接完成測驗，成績還超越人類，史丹佛大學隨即推出SQuAD 2.0，並增加試題難度，很快地，Transformer的表現又超越人類。這代表AI不僅會閱讀，甚至能透過閱讀不斷學習，成為一個強大的學習工具。

2019年底，我宣布退休的消息。正好有機會拜訪好友、

---

❶ Transformer是一種採用注意力機制（self-attention mechanism）的深度學習架構，可以按輸入資料各部分重要性來分配不同的權重，使其能夠在處理序列數據時，同時考慮序列中的所有元素。

也曾是 Google 高層主管的李開復，交流 Transformer 進展，特別是我們都研究過語音辨識、語言模型，他還是當年英語語音辨識技術的佼佼者。我提到，Google 的搜尋引擎開始使用 Transformer，可以做到問答，而且已經上線測試了，只要把句子寫得夠長、夠像問句，它就能給你答案。他測試後，同樣震驚不已，覺得可能是撼動 Google 的大事。

變革來得太快，Google 基於可能影響廣告營收，沒有大規模推出 AI 搜尋，反而讓 OpenAI 取得先機，在 2022 年底搶先推出以 Transformer 技術為基礎的聊天機器人 ChatGPT，震驚世界。我看到 ChatGPT 能生成內容、具備理解和學習能力的表現，知道不得了，立刻建議台灣 AI 新創獨角獸「Appier」創辦人游直翰，在原有的預測式 AI 產品之外，再投入生成式 AI 的研究與導入，而且是「動搖國本」都要做。這大概是我和直翰認識那麼久以來，第一次強烈建議他公司方向。直翰的碩士學位是在史丹佛大學專攻深度學習，師承吳恩達教授，博士則在哈佛大學（Harvard University）研究機器人，這樣的經歷，讓他能引領 Appier 成為台灣少有的 AI 軟體國際團隊，也讓我們這兩年來開的一對一會議，談的全是生成式 AI。

1：99 年代來臨

回首來時路，我的人生軌跡似乎都追著 AI 的發展跑。念博士班時，我的指導教授、中央研究院李琳山院士，有個讓電腦聽懂中文的大夢，讓我有機會鑽研語言模型，成為「第一代 AI 研究生」；後來進入中研院，又深入研究搜尋技術、語言模型和自然語言處理；加入 Google、成為 Google 台灣第一號員工時，負責提升 Google 中文搜尋、中文翻譯和語音辨識等功能；然後，連兩個兒子都投入 AI 領域。

等於我有大半時光，都投入讓電腦讀懂中文、英文等人類自然語言的任務中，可惜當時進展有限。結果三十多年過去，生成式 AI 橫空出世，擁有前所未見的強大能力，ChatGPT、Google Gemini、Claude 讀過的書、腹中的墨水，人類遠遠無法企及。老實說，我有點挫折，畢竟從求學到工作，我花費人生三分之一的時間進行研究，最終卻只是一個使用者，而非貢獻者。

幸好，我說了，我始終保有對 AI 的興趣。因此，生成式 AI 問世後，我持續演講、給予新創建議，許多人問我 AI 問題，我都認真幫忙尋找答案，甚至比求學時代還熱衷。像是美國的八百頁《AI 曼哈頓計畫》，就是媒體詢問、我趕緊和 AI 協作，才在短時間內掌握相關資訊並「完成功課」。尤其是，現在 AI 變化的速度已經從一年、一季、一月，直接進化到一日一變，我每天要如同追劇般，用 Deep Research

蒐集、整理最新的 AI 訊息，才能迅速掌握最關鍵的突破與影響。而這麼讀著、學著，我很快發現，要是 AI 再往下發展，會為人類帶來「1：99 的挑戰」。

根據統計，新冠肺炎爆發前，1％的人擁有 40％的財富，這個數字在疫情後，甚至上升到 50％。但是，在 AI 時代，擁有 AI 的國家，以及非常懂得利用 AI 的企業、個人，或許不到 1％，但這 1％的人，會因為 AI 變身「超級人類」，拿走 99％人的能力跟機會。

要知道，在「1：40」的年代，雖然中產階級銳減，人們仍然有生存空間，因為社會結構仍然能讓大部分人生活有餘裕，不至於走向絕對的 M 型化。但是，要是 AI 真的讓人類進入「1：99」甚至「1：10000」的世界，地球上只剩下最厲害的人和一般人，導致大批中產階級消失，從而讓社會結構退回君王時期「階層化」的時代。

這其實就是強者恆強、弱者恆弱的馬太效應（Matthew Effect）❷。優勢者會因為既有優勢，更容易獲得額外優勢，劣勢者則會因為缺乏優勢，生活更難獲得改善，最終導致貧富差距、資源分配不均的現象。

而且，不僅僅是個人會出現 1：99 的情形，只要有能力

---

❷ 馬太效應也稱為「富者愈富，貧者愈貧」現象，指的是在社會、經濟等領域中，優勢資源不斷湧向已經擁有優勢的個體或群體集，導致強者愈強、弱者愈弱的現象。

集中資源、掌握 AI 的企業或國家，一定能獲得最多的競爭優勢、市占率與資源。

例如，Nvidia、Meta、Microsoft、Amazon、Tesla、Apple 和 Alphabet（Google 母公司）等科技七雄為什麼那麼厲害？追根究柢，他們原本就有足夠的使用者和數據，再注入資金、資源，自然能將硬體算力買到滿，軟體開發到最好。這就類似我們的護國神山台積電，因為是全球最大的晶片代工廠，知道客戶明年會繼續下訂單，今年就敢投資，讓能力愈滾愈強，這些企業唯一可能遭遇的挑戰，大概就是世界各國的反壟斷法。

說得嚴重點，AI 帶來的衝擊，就如同核彈帶來的恐懼般，擁有且善用 AI 的個人、企業、國家會造成極大破壞力，讓某些人直接被 AI 取代，某些企業變得無足輕重，某些國家從此變成附庸國了。這也是我決定出版這本書的原因。

從國際視角回應台灣需求

除了能一直沉浸在 AI 領域，另一個幸運之處，是我已經退下全職工作，或許能以較宏觀的視角想著明天、後天的事。即便退休，我仍然維持每週和美國矽谷、中國朋友聊天的習慣，坐在台灣，有幸略知天下事。再加上，我擔任上市企業的董事、創業家的教練，藉此了解台灣的優勢、弱勢和

年輕人的需求。例如,知道台灣是硬體大國,但面臨數位孤島、人口懸崖等困境;看到 AI 出現,有機會讓我們透過 AI 轉型、升級智慧製造,解決高齡社會問題,並讓老創結合新創、由硬整合軟,掌握新的競爭優勢。然而,我們也面臨著 AI 知用落差的問題。

因此,這本書是將過去幾年來我的所見所聞,以及在各大演講、專欄中分享的觀點,重新梳理、整合,包括 AI 趨勢、可以解決的問題,以及 AI 對台灣、企業、個人的影響,試圖提供看待 AI 的全觀視野與角度,同時也回應創業家、企業家、投資者、政府、媒體和學生的提問。

身處 AI 時代,國家、企業、個人都面臨「1:99」的挑戰,但如同英國文豪查爾斯・狄更斯(Charles Dickens)在《雙城記》(*A Tale of Two Cities*)❸ 中的經典名言:「這是最好的時代,也是最壞的時代。」AI 可能讓我們充滿挑戰,也可能讓我們充滿機會。希望讀完這本書後,對於 AI,你會擁有更清晰的認知與應對策略,並找到自己的位置,成為那極少數能駕馭 AI 的人。

---

❸ 一部以法國大革命為背景寫成的長篇歷史小說,描寫了當時貴族的腐敗暴政,以及社會動盪不安和人民苦難所導致的衝突與革命。

致謝

　　本書的內容，包括趨勢洞察、問題剖析與解決之道，皆是長期與各領域專家、意見領袖交流的累積。我特別感謝：

- **來自新創界的啟發：** Appier 團隊的軟體高手們，不僅是我的諮詢對象，也讓我能從旁觀察學習。網路意見領袖 iKala 創辦人程世嘉，我們定期交流 AI 技術的進展。此外，超過六十位願意與我保持一對一會談的創業家，他們的努力與挑戰，都讓我獲益良多。

- **董事與顧問的洞見：** 在各企業擔任董事期間，我從聯發科集團的達發科技見識到全球 IC 與網通技術的快速演進；從統一集團了解亞洲零售流通平台的廣度與深度；從 KKday 看見東亞旅遊電商的變化；從華碩掌握全球邊緣 AI 的布局；從中華電信則感受到 AI DC（自動識別和數據採集）的擴展。擔任玉山金控的顧問，使我對金融業積極擁抱 AI 科技有了更深的認識。緯創 CVC 與中華開發創新加速器的參與，也讓我得以掌握台灣與國際新創的最新趨勢。

- **公益與公共事務的視角：** 感謝公益社團，如 AAMA、AIA、AIF、DTA、產業創生平台、均一教育平台，以及許多關心台灣發展的專家，讓我有機會涉足產業轉型、新創發展、AI 知識傳播、下一代教育及媒體未來等多元議題。同時，在多個政府顧問與審查會議，以及工研院、資策會等法人單位的參與，讓我多了政府視角，也更了解推動公共服務的難處。
- **媒體平台的交流：** 感謝財經媒體《商業周刊》、《天下雜誌》、《數位時代》、《聯合報》提供專欄發表空間，與《科技報橘》季全的訪談，以及媒體朋友們不時訪問，讓我很幸運地能與一群優秀的專業記者、編輯和媒體人交流激盪。
- **前同事與夥伴的分享：** Google 台灣及矽谷的前同事們，以及 TWLeap 天使基金的夥伴，讓我能不斷觀察世界前沿科技產業的脈動，確保思維不與時代脫節。
- **最重要家人的支持：** 感謝我的資管博士太太，從事 AI 產品技術管理的大兒子，以及研究過 AI 在半導體供應鏈應用，現在仍持續學習 AI 的小兒子。他們時常的「踢館」，對我來說是最重要的動力。

最後，本書的共同作者玉品，在過去半年裡，精彩的提問、回饋與費心整理，以及《商業周刊》出版團隊的支持與協助，本書才能順利付梓。

PART I
AI時代

第 1 章
電腦開始說人話，AI 化身副駕

你有想過，為什麼「電腦」要稱做電腦嗎？

以往，人類與電腦互動是透過特定的命令與符號，可以應用在加減乘除，可以進行資料排序，也可以執行預設好的邏輯判斷。你給它什麼，它就回應你什麼。可是「腦」這個字，暗示「學習能力」，早期的電腦沒有自主提升的能力，也沒有產生智慧的可能，不能稱為真正的電「腦」，其實更像「計算機」。

然而，2022 年 11 月，ChatGPT、大型語言模型問世後，一切都不一樣了。電腦開始會說人話，能以自然語言與我們溝通，漸漸有了「腦」的樣子。儘管，各個大型語言模型的訓練數據多為英文資料，繁體中文可能不及 0.1％、簡體中文不及 2％，但你只要向生成式 AI 提問，它仍然能理解並回應繁體中文的輸入，與你一來一往對話。它就像一個搜尋入口，所有資訊都能由它敘述並擴散出來，相當人性化（圖表 1）。

> **圖表 1：ChatGPT 帶來的改變與生成式 AI 問答舉例**
>
> - **Computer 變成電腦**
>   大型語言模型，GPT-3.5/4
> - **開始說人話**
>   對話式 AI，InstructGPT
> - **自動生成內容**
>   自動生成文字／圖片／表格／程式碼
>
> **我提問**：請幫忙將「AI 創新驅動製造業新發展」這個概念翻譯並改寫成英文演講標題。
>
> 🆔：AI Innovation Driving New Horizons in Manufacturing
>
> **我提問**：很好。請再提供 3 個相似概念的不同標題供選擇。
>
> 🆔：當然，以下是三個具有相似概念的標題：
>
> 1. Transforming Manufacturing through AI Innovation
> 2. AI-Driven Innovations Reshaping the Manufacturing Industry
> 3. The Evolution of Manufacturing: AI's Impact on Innovation

AI 是會思考的電腦

此次大型語言模型能突破、說人話的原因，與模仿人腦的神經網絡、海量的訓練資料有關。

如果一個小孩從小只聽過少數詞語，自然難以具備流暢的表達能力，可是如果他能吸收數以億計的書籍、文章、網頁等各種文本資料，便能掌握語言的奧祕，大型語言模型正是如此。它被餵養的資料量，遠遠超過人類一生能閱讀的數

量總和,在消化這些巨量資料後,模型便在不知不覺中學會了語言的「骨架」與「血肉」。

其次,傳統電腦程式遵循著明確的「如果 A 就做 B」規則運作,而大型語言模型是以神經網絡的模式運行,主要透過模擬人腦神經元和連接方式來處理、學習複雜的語言資訊。為了讓模型對事物做出正確判斷,電腦科學家在注入大量資料後,持續訓練模型,並藉著與使用者的互動,教學相長。換句話說,訓練時,在由無數點、線構成的神經網絡裡,每個細胞的權重將受到訓練資料、互動影響,不斷自我調整。這個過程,就如同我們的大腦會不斷學習、修正錯誤一樣。

大型語言模型被海量訓練數據餵養,以及模擬人腦的神經網絡運行後,便徹底顛覆傳統電腦的運作模式。它不再被動執行指令,反而能主動生成文字、圖片和影片等內容,並將它們轉化為 token(符元)❶ 來學習和應答,進而成為人們的副駕(Copilot)。

一般來說,AI 副駕的使用面向,包括創意與內容生成、專業知識提供與決策輔助、流程自動化與效率提升等。從寫程式、擬定合約、設計產品概念到為學術論文構思切入點,

---

❶ Token是AI 模型理解與處理語言的基本單位,是一種將文字轉換成電腦可以理解和處理的方式。

AI 都能與我們深度互動、討論，加上它腦袋裡的資料是人類的無數倍，因此能給予靈感、啟發。《哈佛商業評論》（*Harvard Business Review*）調查 2024 年的生成式 AI 使用方法，「產生想法」便排名第一。

更重要的是，AI 還能創造具順序、邏輯的內容，並透過人們逐次使用，不斷訓練、推理、提升自我能力，這是電腦真正成為「電子腦」的最大關鍵。

例如，我請 ChatGPT 寫一封信祝賀同事退休，它可以先產生三種版本給我選擇，我選了其中一版之後，再要求它加幾個句子，描述我過去跟同事的關係，如果我嫌內容太長，它可以馬上幫我刪減，還可以翻譯成英文。生成式 AI 剛問世時，伺服器大廠緯創的人資，便用 ChatGPT 生成聖誕卡寄給全球供應鏈夥伴。我跟緯創聊到，ChatGPT 用文字就能生成圖像，他們想，既然歐盟的願景是把資料中心移到外太空，就請 ChatGPT 依照這情境畫出一張卡片，結果它畫出一棵上頭掛滿太空船的聖誕樹，生成結果可能比人還有創意。

這是 ChatGPT 剛推出時發生的事，如今又過了兩年多，AI 已經從半年、季、月的進步速度，進化到一日一變。生成的圖片、影片更加精妙，人們玩得不亦樂乎，2025 年全球爆發的「吉卜力生圖」風潮，讓 ChatGPT 在那段期間，每小時增加 100 萬名使用者。腦筋動得快的人，更直接讓 AI

為自己生成行銷影片和廣告。

AI 副駕雖然能提升生產力與效率，加速專業知識的普及與應用，卻也帶來職場 M 型化的現象，讓眾多產業、工作者受到衝擊。從電商、服務業、金融業到製造業等百工百業，從工程師、作家、分析師到音樂家、畫家，全面受到影響。善用 AI 副駕來增強自身能力的人，工作表現會突飛猛進，與不願或無法學習新工具的人之間，將產生巨大差距。有關 AI 引發的廣大議題、帶來的巨大變革，我們都會在後面的章節詳談。

理性、博覽群書的助理

這裡要先提醒的是，AI 副駕之所以被稱為「副駕」，是因為人類需要與它不斷互動才能完成任務，它不是全面自動化，而是半自動化的協作夥伴，最終的決策權和大部分的執行工作仍然由人類掌控。

這讓「提示工程」（Prompt Engineering）變得愈來愈重要，你必須有能力跟它互動、問對問題，提問愈精準，答案才會愈好（參考第 25 章與第 26 章）。以前想成為藝術家，要經過學習素描、色彩學、構圖等漫長的訓練過程才能出師。現在，我們可以直接跳過「工人階段」，只要善用它，你很快就會變成一位小畫匠。即便之後，Apple 將生成式 AI

的技術整合到 iPhone 中，它們也僅要使用簡單的提示詞來驅動應用程式。

另外，我們目前用自然語言與 AI 溝通，與 AI 之間其實不需專門的溝通語言，使用方式完全顛覆了傳統。過去，我們為了讓電腦或機器執行特定任務，設計了二進制代碼（0 和 1）、C++、Python 等專門的機器語言，目的是精確「指揮」機器。機器只要讀懂這些指令，就能高效完成工作。但是，在 AI 時代，人們和電腦開始以自然語言溝通。雖然，目前有表達不夠精準，以及可控性和效率低等問題，不過未來可能會出現一種新的、專為 AI 設計的「低階機器語言」，使人們能更有效地指揮 AI 工作，我預估，這些語言將在未來三到五年內，逐漸應用於各種場景中。

隨著電腦開始說人話，AI 需求日益普及，應用也百花齊放、日趨多元。接下來，你使用 AI、與 AI 對話的時間，說不定會比和親朋好友相處還多；個人化的 AI 會被隨身帶著走，每個人的行動裝置可能都是 AI；人們甚至不需要自己指揮 AI，AI 自行就能與 AI 溝通，完成買機票、訂房等所有事物──這就是典範轉移，歡迎來到真正的電腦時代！

第 2 章

AI 應用落地，最大戰場從電商開始

　　隨著 AI 應用持續落地，許多人在生活中已經離不開 AI。

　　2025 年，Alphabet 旗下的無人計程車 Waymo，在美國舊金山、洛杉磯、鳳凰城等全美付費行程已經來到單週二十五萬人次；6 月起，Tesla 旗下的 Robotaxi 則在美國德州奧斯汀、舊金山灣區等地陸續上線；百度的「蘿蔔快跑」自 2024 年 3 月於中國武漢啟動以來，截至 2025 年 7 月的累計服務用戶突破了六百萬人次。Amazon 早早導入 AI 驅動的個人化推薦，目前占營收的 35％，供應鏈管理部門更研發出倉儲人型機器人，協助撿貨、整理紙箱、送貨等工作；ChatGPT、Perplexity 同樣積極進攻電商領域，加入對話式購物、AI 精準推薦和一站式交易等功能。

　　現今，電商、自駕車、醫療是幾個 AI 應用最快且值得關注的領域。我都說，如果要新開一家醫院或工廠，加入 AI 的思維，企業的經營規畫一定會比舊有的商業模式更好。

電商的 AI 應用

AI 應用中，影響最天翻地覆的是電商領域，因為凡是能透過網路銷售的部門，都可視為電商的一環。電商的底層架構是由「資料驅動」（Data-Driven），品牌、平台仰賴大量的消費者行為數據來優化銷售策略。而從資料驅動邁向 AI 賦能（AI-Enabled）只有一線之隔，因為 AI 的核心，正是利用這些數據進行深度分析與預測。因此，行業裡數位化程度最高的領域往往是電商，也讓電商成為立即遭到 AI 衝擊的產業。

台灣因為電商規模小，現在還沒什麼感覺。但是，在國外的電商平台已經從產品內容、廣告到體驗、防詐、客服、設計、銷售、供應鏈、個人化等方方面面，開始逐步導入 AI。

例如，2024 年雙 11 購物節，阿里巴巴上 95％的使用者詢問與行銷資訊都由生成式 AI 負責；Amazon 則在感恩節及耶誕節購物季讓「AI 店長」與消費者互動。

和冷冰冰、只會回答制式問題的 AI 聊天機器人不同，接上大型語言模型的 AI 店長，可以即時互動、具推理和理解能力，也能記得消費者的喜好、上次購買的產品，商家等於多了一位懂得察言觀色的店長，甚至能二十四小時回覆問題，只要消費者看不懂產品說明，直接詢問 AI 店長就能獲得型號、尺寸、重量等明確訊息，也能降低退貨率。

據 Amazon 統計，去年感恩節期間，AI 店長的使用率成長 13 倍，轉換率增加了 82％，客服成本降低 30％。Adobe Analytics 的報告則顯示，2025 年 7 月 Amazon「會員日」（Amazon Prime Day）中，來自生成式 AI 的流量，較前一年同期增加 3300％。根據預估，2030 年網路上的行銷資訊將有 30％是 AI 內容。

另外，商家要在 Amazon 上開店，原先得看一堆手冊、摸索半天流程，現在有了 AI 引導，上架商品、行銷變得無比輕鬆；商家透過「AI 摘要」功能，也能迅速了解上千、上萬則顧客評價。

我認為，視覺式搜尋、AI 多模態應用會是下一波落地熱點，相較於文字，年輕世代更習慣視覺、圖像、影片，未來消費者只要在一張居家布置圖中挑選自己喜歡的家具，便能即時取得產品的相關購買資訊。另外，AI 代理在電商的應用也值得關注（參考第 4 章）。

Amazon 除了在消費者端使用 AI，企業營運端同樣運作得心應手。2023 年 10 月，Amazon 開始測試人形機器人「Digit」。Digit 能像人一樣搬運貨物，加上租金換算成時薪又比人便宜，壞了還能直接換一台，不需要擔心健保成本，對 Amazon 當然大有助益。不過，此舉引發工會抗議。事實上，Amazon 用在倉儲的自動化機器原本就有七十五萬台，只是當它們以人的形態運作，威脅感就很強烈。

最近，再度進化的 Digit 已經能跟著物流車出門送貨。如果收件地址周遭路面平坦，物流司機停妥車後，就會指揮 Digit 將貨物放到收件人家門口，完成任務；要是遇到斜坡、坑坑巴巴的道路，便由司機自行下車送貨。這也是一種「人機協作」。

無人車的發展趨勢

　　許多國家受到高齡化、少子化影響，計程車司機大幅減少，讓無人駕駛計程車成為剛需，像是日本計程車司機的平均年齡已達六十歲，相當需要 AI 司機。而美國幅員遼闊，沒有車等於沒有腳，無人計程車推廣的速度最快。

　　AI 技術快速進步，也帶動無人計程車的發展。2024 年起，Waymo、Tesla、百度和等無人計程車公司，採用 Google Gemini、Grok 的新一代多模態大型語言模型，大幅提升對複雜都市場景、極端天候、異常行人車輛的理解與應對能力，加上 AI 專用晶片、邊緣運算的強化，以及光學雷達（LiDAR）❶、毫米波雷達（Millimeter-Wave Radar）❷ 與攝影機等感測硬體的高效融合，讓無人計程車快速推行。

　　相較於人類駕駛的計程車，無人計程車、無人巴士的路線可以先行探勘，只要確保安全性便能迅速上路。Waymo 的駕駛安全報告顯示，與等同於一千名人類司機的駕駛里程數

相比，它能降低85％的事故機率，剩下的15％事故，通常是由真人駕駛的車輛造成。

目前，無人計程車大多採一個個城市試點的模式來測試技術、驗證商業模式，並爭取政策支持。Waymo已在鳳凰城、舊金山等地實際載客，近期更陸續拓展至亞特蘭大、邁阿密，也積極進軍國際市場，先與日本合作，學習並適應右駕的通行方式和當地的交通規則。蘿蔔快跑則於武漢、北京、深圳和上海等地試營運。Tesla的Robotaxi先從德州奧斯汀、舊金山灣區開始公開試點，現階段嚴格侷限於特定區域、特定時間，而且副駕配有安全監督人員。預估三到五年內，許多國家可以搭到無人計程車。

醫療領域的 AI 發展

醫療需要高嚴謹性與精準度，許多研究與治療過程既耗時、又充滿挑戰。但是，我相信AI與醫療的結合，將為人類帶來變革性影響。

---

❶ 光學雷達是一種使用光脈衝來偵測環境的技術，與雷達和聲納不同，光學雷達提供高解析3D資料，常應用在家庭安全系統、臉部辨識系統、全自動駕駛。

❷ 毫米波雷達，指的是工作在雷達波波長在1至10毫米之間的雷達，透過天線發射毫米波，及接收障礙物反射回來的訊號，來計算出與目標的相對速度、距離以及角度。

事實上，早在生成式 AI 問世前，擅長從大量數據中找出規律的預測式 AI（Predictive AI），便對醫療領域多有貢獻。

近期最大的突破是在 2018 年，由 Google DeepMind 團隊開發的 AI 模型「AlphaFold」。AlphaFold 是一款運用 AI 技術的模型，能讀懂蛋白質的「設計圖」，也就是胺基酸序列，進而預測出蛋白質複雜的三維立體結構。

AlphaFold 的出現，大幅加速醫學與生物科學的進程，並為藥物和疫苗開發帶來巨大變革。過去需要花費數年才能完成的實驗，現在透過 AI 只需幾天、甚至幾小時。例如，癌症、阿茲海默症等眾多疾病，都與特定蛋白質的異常行為有關，AlphaFold 能快速預測這些蛋白質的結構，讓科學家深入理解疾病的發生機制，找到全新的治療方向。

2020 年，DeepMind 團隊再推出 AlphaFold 2，以更高的準確度和更快的運算速度，將蛋白質結構預測提升至前所未有的水準。現在蛋白質科學研究彷彿有了「超級自動解答機」，也讓團隊獲得 2024 年的諾貝爾化學獎。

此外，經過多年發展，AI 影像辨識與分析的能力已經不輸醫師，可以精準判讀 X 光片。如今，AI 還能進一步透過精準醫療導航，改變手術的現況。

傳統手術受限於肉眼和經驗，存在一些不可控風險。像是醫師切除腫瘤時，如何判斷「安全邊際」？要切多大範圍？這高度依賴醫師的個人經驗和手感，很難做到 100％

精準。

現在,美國開始推廣 AI 輔助的「3D 手術導航系統」,逐步被應用在脊椎、顱腦、關節等領域。首先,AI 會利用核磁共振、電腦斷層掃描等 3D 影像技術,建立患者的脊椎、顱腦、關節等部位的精準模型。接著,AI 會基於這些模型自動規畫出最佳手術路徑、植入物位置和切割範圍。未來,虛擬實境(VR)❸技術還將提升手術導航的體驗,醫師只要戴上 VR 裝置,將 3D 模型與病患的真實身體重疊,便如同在現實中直接看到內部結構一樣,讓手術更直觀與精確。

要注意的是,AI 只負責提供建議,最終的決策權、執行權依然在醫師手上。醫師可以隨時參考、確認或修改 AI 提供的方案,以確保手術安全。

至於生成式 AI 在減輕護理人員醫療照護負擔、縮短學習曲線方面,也大有斬獲。美國醫師問診、護理師協助整理病歷和醫療報告,平均一個患者需要三十分鐘。未來,要是搭配 AI,問診結束後,醫療報告與病歷馬上出爐,便能節省時間。再者,要是連護理師額外的行政工作也交由 AI 處理,護理人員就可以花更多心力在照護病患的本業上。

另外,由於 AI 也能協助醫學知識的學習與診斷,許多醫師開始將大量醫學報告的閱讀工作交給 AI。試想,醫師和

---

❸ 虛擬實境是指利用電腦模擬產生一個三維空間的虛擬世界。

患者討論病情的過程中，若由 AI 介入監控、診斷分析，便可以主動提醒醫師是否遺漏了些什麼。在美國，醫療保險公司不僅支付醫療費用，還決定了你能看哪些醫生、去哪些醫院，以及這些醫療行為的費用，其中保險等級的高低，直接界定了你能選擇的醫生與醫院範圍。未來，保險公司可以運用 AI 技術分析醫生的錄音、錄影等資料，自動化且精細評估醫生的表現，並給予分數。

過去，AI 應用或許被視為特定領域的特權，但從 AI 店長、無人計程車的自動駕駛，到醫療領域的 AlphaFold 與 3D 手術導航，在在證明 AI 不只是單純的工具，它正深入各行各業的核心，重塑我們的生活與工作模式。

近來，DeepMind 推出的 AlphaEvolve 還能在特定領域「自行發明」更高效的演算法。這代表 AI 正在進入「創新」層級，能力邊界、成本結構快速變化，應用門檻也迅速下降。

顯然，學會運用 AI 已非選項，而是生存所需。如果只是將 AI 工具用在娛樂領域，其效益有限；真正能帶來轉變的，是將 AI 部署於與自身專業密切相關、可放大產出的場域中。無論是提升個人工作效率、解決產業痛點，還是推動社會進步，AI 的潛力才剛被釋放。這場由 AI 驅動的典範轉移，已然發生。

第 3 章

技術應用轉向情感需求，
AI 療癒、陪伴商機大爆發

在《哈佛商業評論》的〈2025 年百大生成式 AI 使用案例報告〉（*How People Are Really Using Gen AI in 2025*）中，「心理治療、陪伴」高居榜首，人們讓生成式 AI 協助完成各項事務之餘，還開始向 AI 尋求情感連結與基本需求的支持。方舟投資（ARK）的報告也預估，到 2030 年，用戶與 AI 陪伴（AI Companionship）相處的時間，將從每年十二億小時，增加至七千億小時，AI 陪伴相關平台的營收，更將達到 1,500 億美元（約台幣 4.458 兆元）。

AI 陪伴是全新議題，但背後的核心概念是存在已久的「寂寞商機」。人們早年養電子雞、現在養寵物，部分原因都是出於寂寞。而 ChatGPT 出現後，不僅聽得懂人話、記得你的經歷、能即時給予回應，還能二十四小時「說個不停」，等於重新定義「陪伴」這件事。

說穿了，AI 的記憶只是一種精密的「記憶反射」，它並

非真的記得你說過的話或經歷,而是透過龐大數據的匹配,從中找出與你對話內容最相關的反應模式,模擬出「好像記得」的感覺,只是多數人難以分辨這層差異,很容易誤以為自己被傾聽、理解、記住了。因此,對孤獨寂寞、渴望關懷的人來說,AI 給的情緒價值幾乎無可取代。

陪伴的商機

陪伴的市場龐大,除了直覺會聯想到的交友、戀愛關係外,其實還涵蓋兒童、長者的需求。一談到照顧孩子,許多家長是將手機、平板丟給子女,讓 3C 產品肩負照護責任。對此,做不了大型語言模型、往 AI 應用靠攏的企業,可以朝「情感陪伴」領域發展。我們看到愈來愈多的應用程式、遊戲結合 AI 技術,讓「AI 夥伴」與孩子互動、對話,這將徹底顛覆未來的教養與學習模式。

AI 療癒、陪伴的風潮也帶動「AI 網紅」、「AI 偶像」的崛起。2025 年 7 月,虛擬歌手「Yuri」正式出道,甚至獲得知名品牌「The North Face」的贊助。巴西一檔談話節目《莫理沙的泳裝計畫》(*Programa Marisa Maiô*)中,不但身穿黑色泳衣與高跟鞋的女主持人莫理沙(Marisa Maiô)是由 AI 生成,連來賓、現場觀眾和場景也都是 AI 所成,加上天馬行空的劇情安排,以及衝擊性畫面,迅速在網路上走紅。

虛擬偶像從來不是新概念，早在卡通時代我們就深深著迷於《哆啦 A 夢》、《灌籃高手》裡頭角色的魅力，可是 AI 偶像又略有差異，它搭載一套嶄新的技術，能做到不同的事。

AI 網紅、AI 偶像會唱歌、跳舞、聊天，不僅輸出內容，還可以變身粉絲的陪伴者。年輕世代已經很習慣與虛擬偶像互動，他們不在意偶像是不是真人，只要有個性、能互動，便有滿足感與陪伴感。而當真假界線變得模糊，就是一種典範轉移。

對品牌來說，真人網紅「翻車」風險太高，對品牌不啻是風險。而 AI 偶像不會發胖、不會抱怨、不會發表爭議言論，甚至能二十四小時陪伴粉絲，可以長期維持、優化形象。因此，品牌依照自己需求打造專屬的 AI 代言人、AI 寵物，甚至是能講話、與粉絲互動的 AI 形象，有一定的誘因。

我認為，陪伴型 AI 若要真正打開市場，必須走向「虛實整合」。AI 偶像已經做到這件事了，例如英業達打造的虛擬歌手米拉蜜（Mila Mii），不僅經營線上社群，還在 2025 年 6 月，舉辦出道以來的首場實體演唱會。要是更進一步，往「虛擬寵物」發展，未來長者可能會抱著一隻外型逼真的「寵物狗」，不需餵食、不會大小便，但能回應、傾聽使用者，實現「情感陪伴」的功能。

不過，趨勢也帶來許多待解決的問題。

從技術角度來看，AI 已經具備高度記憶力與個人化能力，但在使用方面，AI 終究有極限。例如，在心理健康領域，法律明文規定，治療必須由具證照的專業人士進行，當 AI 的功能隨著技術演進，逐漸接近、甚至觸及治療範疇時，潛在風險與不可逾越的紅線在哪裡？

儘管，陪伴型 AI 才剛剛起飛，但潛在需求龐大，預期將快速成長。科技今日做不到的事，以後未必做不到，如果未來出現以 AI 陪伴為核心功能的語言模型、產品，涉及的社會、倫理與心理風險將更複雜，勢必要建立嚴格的規範與認證制度。

智慧財產權也是問題。目前，美國對 AI 生成的內容沒有提供額外或特殊的著作權保護，除非製作者能舉證自己對這些內容有獨特的創意使用。相較之下，中國的態度較開放，只要證明自己「努力」創新過了，就能取得版權。但是，這些仍然處於模糊地帶，各國尚在探索如何在鼓勵 AI 創新的同時，建立一套明確且公平的法律框架。

千萬別忘了，當市場上充斥著 AI 內容時，觀眾會不會反撲？有一天，人們會厭倦這些「同質化」的 AI 角色，回頭尋找人類嗎？物極必反的情緒可能產生，比例會如何變動，無法預測，但我相信未來人類與 AI 的關係，肯定會是「共同存在」。

第 4 章
技術持續發展，
AI 代理成為下一波浪尖

2024 年 7 月 9 日，OpenAI 將 AI 的進展分為五個階段，第一級是可以和人類對話的聊天機器人（Chatbots）；第二級是能解決複雜問題的推論者（Reasoners）；第三級為代理人（Agents），是能長時間獨立作業的 AI 行動系統；第四級則是有發明能力的創新者（Innovators）；第五級為可以管理複雜任務、進行決策的組織者（Organizers），也就是成為通用 AI（Artificial General Intelligence, AGI）。目前，AI 已經能和人類聊天、具備推理能力，正朝第三級的代理人邁進。

現在 AI 的技術有多厲害

在生成式 AI 問世前，預測式 AI 當道，2016 年擊敗韓國棋王李世乭的 AlphaGo，便是透過分析大量棋譜數據，精準預測、選出最佳落點。後來，AI 才逐步進化到現今我們常用

的 ChatGPT、Google Gemini、Claude 等生成式 AI。

預測式 AI 和生成式 AI 的區別,在於預測式 AI 是從既有的數據中找出規律,再根據這些規律,預測未來可能發生的事情,或對現有的數據進行分類和判斷。生成式 AI 背後的大型語言模型,則是透過模擬人腦神經網絡的運作模式,加上大量資料訓練,以及與使用者的教學相長,學會理解、推理,進而產生新的內容。這兩種 AI 技術代表了 AI 的兩個重要發展方向,而且目前都在迅速進步(圖表 2 顯示預測式 AI 可以用在辨識貓熊,生成式 AI 可以用來生成貓熊各種不同圖像。)。

以生成式 AI 來說,曾經我們認為 AI 的數學能力很差,但 2025 年 7 月,Gemini 在國際數學奧林匹亞大賽中,以六題答對五題、總分 35 分的成績取得金牌。前一年,Gemini 拿的是銀牌,這代表 AI 的能力仍在進步。另外,GPT-4o1

圖表 2:預測式 AI 與生成式 AI 的用途區別

資安:人臉辨識
行銷:用戶貼標
製造:瑕疵檢測
……

內容生成
自動程式
對話商務
產品設計
……

也具備數學博士程度了，推理能力已經來到 100 分中的 50 分左右。

在由全球二千五百名科學家、專家命題，涵蓋二千五百題超高難度、有明確標準答案的「人類最後考試」（Humanity's Last Exam, HLE）中，截至 2025 年 7 月，各家旗艦語言模型答題的正確率約在 20％至 26％之間，代表每五題就能答對一題，AI 在知識難題的突破上，進步速度飛快。

有趣的是，考試裡有一道題目是一張中古世紀的墓誌銘照片，上頭寫著羅馬文，答題者必須將那篇墓誌銘翻譯成古印度語言巴利文。AI 要答對這題，需要懂得影像辨識、判讀拉丁文，還得熟悉巴利文，最終才能將羅馬文譯成巴利文。

這意味著只要有足夠的訓練資料，AI 就能快速吸收，並累積超越人類的知識與研究能力。人類受限於個人能力和學習時間，在許多高難度數學、科學、語言等問題上，往往難以同時精通這麼多專業領域。但是，我們現在得以倚賴 AI 來突破這些知識與能力的疆界，解決過去看似無解的難題。

什麼是 AI 代理？

正因 AI 技術飛速進步，如今 AI 不僅深入許多人的生活，成為與人類協作的「副駕」（參考第 1 章），還化身 AI 代理（AI Agent），協助處理自動預約行程、管理電子郵件

等更複雜、自主的任務。

2025 年，被視為 AI 代理元年，Google、Microsoft 都將 AI 代理看做下一波創新浪潮核心，Nvidia 共同創辦人暨執行長黃仁勳也指出，AI 代理會改變未來的企業管理和決策方式。結果在眾家科技巨頭紛紛強調 AI 代理的重要時，同年 7 月，OpenAI 乾脆直接發布全新功能「ChatGPT Agent」，宣告第三級「代理人」的時代正式到來。

我著實沒想到，不過一季以前，我參與一家大型上市公司的會議，大家才在探討 AI 代理的未來可能性，然後短短一季的時間，AI 代理直接成了現實。

說到這裡，到底什麼是 AI 代理？

語言模型的第一個大眾化應用，並非什麼專業工具，而是「聊天」，這也是「ChatGPT」名稱的由來。雖然 ChatGPT 的對話能力令人驚豔，但我們很快就發現，單純聊天真的能完成什麼工作嗎？似乎有點困難。例如，它無法代為購買高鐵票，這讓它「完成任務」的能力受到質疑。

目前的 AI 模型更像一位貼心顧問，擅長與人溝通、提供建議，但離實際執行、完成任務還有一段距離，這正是商業應用面臨的瓶頸──純粹的「對話服務」訂閱意願不高。但是，如果它是能完成任務的代理，則有望開啟人們付費的新方向。

在此情形下，市面上慢慢出現一些 AI 代理的應用。例

如，程式設計工具 Cursor 就具備初步的代理能力。當我們談論 AI 代理時，它超越了模型單純的語言理解與回應，更進一步涵蓋了推理、規畫、執行等能力，最終可以完成特定任務。

再以購買高鐵票為例，AI 代理能根據你的預算、時間偏好，自行判斷班次、車廂、價格並完成交易，甚至回報結果。這類購物代理（Shopping Agent）會是未來 AI 應用的主力之一。又或者，在麥當勞點餐時，你不需手動點選，而是透過語音與 AI 互動完成整筆訂單，這種「語音 Kiosk[1]」互動式資訊服務站會是代理技術在零售業中的具體實踐。

生成式 AI 進化到代理的技術是什麼？

AI 代理的關鍵推手之一，是 Anthropic 提出的「模型上下文協定」（Model Context Protocol, MCP）。MCP 是一套讓外部資料庫、網站、伺服器都能註冊成為「可被 AI 代理使用服務」的標準協定。正如當年的 HTML 促成了全球資訊網的互聯互通，MCP 有機會成為未來「AI 代理的基礎網路協定」。

---

[1] 互動式資訊服務站，一種自助服務終端，通常以觸控螢幕的形式呈現，提供使用者查詢、交易、點餐等服務。

所謂「代理」,中間人的介入必須愈少愈好,而且還不能只是理解。例如,你叫 AI 幫你買車票、規畫行程,它在理解後,還得推理、思考這件事合不合理,接著制定計畫,向你確認完畢後才會去執行。

如果 AI 代理都具備這些能力,未來高鐵售票系統透過 MCP 包裝,AI 代理就能直接串接,協助使用者完成購票,甚至可以比價、安排最佳時間與車廂,這樣的 AI 才真的稱得上「代理」。

這就好比當年 Internet(網際網路)因為 HTML、瀏覽器(Browser)與網頁伺服器(Web Server)的出現,演變為「Web」(網路)。如今,語言模型的應用進入新階段,MCP 就像 HTML,AI 代理則如同當年的瀏覽器,開始接上各種服務、資料庫和應用程式介面(API)❷,為新 AI 時代奠定基礎。

除了購票、購物,AI 代理的另一個典型應用是「研究報告生成」。大家常用 ChatGPT、Gemini 的 Deep Research 模式,就是典型的研究代理(Research Agent)。你告訴 AI 要找什麼資料、格式為何,它會和你共同規畫,並主動完成報告。

---

❷ 一組定義不同軟體系統之間溝通和互動的規則、協議和工具,應用程式介面就像一個接口,允許不同的應用程式共享資訊和功能,讓它們可以互相協同工作。

此外,「電腦操作代理」(Computer Use Agent)也是快速發展的領域。2025年1月,ChatGPT開始在部分國家測試名為「Operator」的AI代理功能,只要你對「Operator模式」講一句「幫我取消那班飛機,並通知我的秘書」,它就會幫你操作Google日曆、Gmail等外部應用程式、網站和雲端工具,接著寫信、寄出。這就是非常明確的「電腦操作代理」。

相較於AI副駕,AI代理是剛需,未來可能大量滲透我們日常生活的各個層面。因為你和ChatGPT、Google Gemini聊天後,就算它建議你在夏天去北海道避暑、去夏威夷度假,你未必有所行動,可是AI代理會讓你真的掏錢買機票、訂房,產生「有價」的行動,不僅顛覆了整個購物行為,也產生商業模式。

零點擊時代──顛覆產業的新進者

然而,對服務提供者而言,AI代理也非萬靈丹。這就好比行動網路時代,儘管每家公司都急著推出自己的應用程式(App)❸,可是最後勝出的,卻是那些掌握流量入口的平台,原因和我們正進入「零點擊時代」有關。

---

❸ 指設計來執行特定任務或功能的軟體程式,例如文書處理、遊戲等。

零點擊時代，意指使用者不再點進網站，原本依賴流量變現的內容提供者，流量獲利將不再，而 AI 代理會促使、加速這件事的發生。由於 AI 代理能協助使用者進行決策分析、執行任務，以電商平台來說，消費者的購物行為正在重塑，如同 Google 般善用 AI 代理、掌握數據和生態系的大型平台，將成為電商產業前所未見的競爭者。

未來，Google 搜尋引擎將從單純提供資訊和導流，變成直接參與買賣的「交易平台」（Transaction Business）。ChatGPT 的 Operator 便推出購物功能，讓使用者直接從對話中取得完整商品建議、帶圖資訊，甚至可以直接下單、完成交易。

當 Google、ChatGPT 轉型為 AI 代理後，就不再只是資訊入口，而是主動整合內容、提供建議、協助決策的智慧助理，成為消費者進行決策與行動的終點。使用者不用再逐一造訪各個購物網站，因為答案早已在 AI 給予的回應中完成。

電商品牌業者如何因應？

首先，未來 Google、Amazon 等巨頭可能會提出元代理（Meta Agent）架構，讓其他小型應用能串接其中。大多數中小型服務提供者的重點，將不再是自建 AI 代理，而是讓自家服務適配至這類協定中。

其次,品牌業者必須重新思考經營策略,學會影響 AI 對產品的認知與偏好,讓 AI 願意主動推薦。同時,也要確保 AI 推薦的正確性與可信度,避免錯誤資訊損害品牌聲譽。我建議,品牌行銷要維持「內容一致性」,假設品牌要販售「香水」,在不同平台上描述香水的特質、優勢時必須一致,否則 AI 將無法歸納出明確重點。

不過,AI 代理想快速推展,還有個變數——必須解決「AI 幻覺」問題,並確保執行任務的穩定性。試想,如果有一千個人要 AI 代理幫忙買某一天台北到高雄的高鐵票,結果它只能幫四百五十個人達成任務,豈不是災難一場?這就像我們偶爾會看到新聞說,有人用了 Google 地圖(Maps),開進山裡才發現此路不通。Google 地圖花了二十年才獲得人們的信任,在 AI 幻覺、穩定性問題未能有效解決之前,我們大概無法完全信賴代理人,畢竟一旦出了問題,責任還是得自己扛。

最後分享一個小故事。前陣子,一位矽谷創業家向我分享他如何運用 AI 代理徵才。他說,他讓自己的徵才網頁同時接受人類和 AI 投遞履歷。乍看之下,他的徵才頁面與一般網頁沒有兩樣,但底層其實加入了跟 AI 代理人溝通的訊息,AI 想加入徵才行列,必須在履歷上註記自己是 AI。

後來他收到的四十份履歷裡,有五份加上了這項註記。

這個案例讓我們看到,我們認知的、那個發展了數十年

的網路正在發生質變，正在長出另一個隱藏版，專供 AI 代理使用的代理式網路（Agentic Web）。我們從表面上看不到這個網路的運行，但它真實存在，而且還在透過與網站自主溝通，執行履歷投遞的工作。很快地，它還會為人類代勞更多網路上的日常行為。

根據 OpenAI 的定義，最強大的 AGI，不只能像人類一樣推理、理解、規畫、自主解決複雜問題，還能主動學習、自行創新，甚至幫我們做決策。或許，距離 AGI 到來還有一段很長的時間，但毫無疑問地，AI 副駕已然改變了我們的工作與學習方式，而 AI 代理正要起飛。顯然，AI 改變生活的那一天已經來了。

第 5 章

AI 入場券太昂貴，發展高度集中

2024 年 7 月 4 日，前任義大利教育大學和研究部部長史帝芬娜‧吉安尼尼（Stefania Giannini）在聯合國教科文組織（UNESCO）的活動上直言：「AI 發展高度集中。（AI development is concentrated.）」

她指的是，AI 訓練的內容有 90％以英語為主，而地球上有逾七千種自然語言，ChatGPT 僅能支持一百種，其中還只有英文經過優化。同時，ChatGPT、Gemini 和 Claude 等一般人常用的大型語言模型，均來自美國，這讓 Nvidia、Alphabet、Meta、Microsoft、Amazon、Tesla 和 Apple 等七家和 AI 相關的巨頭，影響力變得愈來愈大。

過去我們談 G7，講的是七大工業國，但今天科技七雄的市值總額就相當於中國一年的 GDP（國內生產毛額）❶，經

---

❶ 指一國或地區在特定時期內，所有商品與服務的總額，是衡量經濟活動及生產力的指標。

濟影響力早已遠遠超傳統 G7 中的部分成員國，我們甚至可以把他們定位成新的「G7」。

為什麼科技七雄可以在 AI 時代遙遙領先？

新 G7 能在 AI 時代遙遙領先，最簡單粗暴的理由，是公

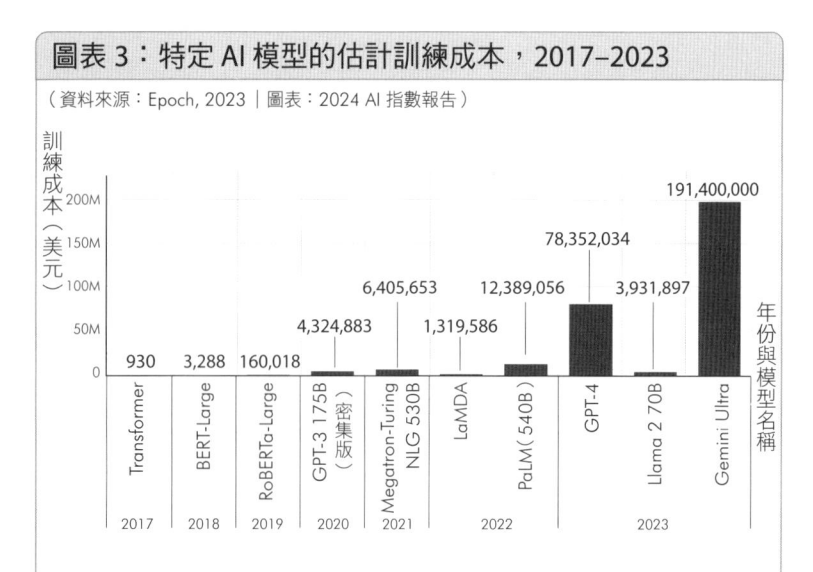

圖表 3：特定 AI 模型的估計訓練成本，2017–2023

（資料來源：Epoch, 2023｜圖表：2024 AI 指數報告）

年份	模型	訓練成本（美元）
2017	Transformer	930
2018	BERT-Large	3,288
2019	RoBERTa-Large	160,018
2020	GPT-3 175B（密集版）	4,324,883
2021	Megatron-Turing NLG 530B	6,405,653
2021	LaMDA	1,319,586
2022	PaLM (540B)	12,389,056
2023	GPT-4	78,352,034
2023	Llama 2 70B	3,931,897
2023	Gemini Ultra	191,400,000

根據 AI Index 的估算，最先進 AI 模型的訓練成本已達到前所未有的水準。例如，OpenAI 的 GPT-4 訓練成本估計為 7,800 萬美元，而 Google 的 Gemini Ultra 訓練成本則高達 1.91 億美元。

資料來源：Artificial Intelligence Index Report 2024，https://hai.stanford.edu/assets/files/hai_ai-index-report-2024-smaller2.pdf

司必須先有錢、有資源，才能獲得這張入場券。

首先，發展大型語言模型需要算力，有算力代表你有足夠資金，付得起語言模型高昂的訓練成本。這點類似於台積電的先進製程發展，只有具備龐大資本、資源的企業，才能參與其中。訓練 ChatGPT、Google Gemini 等語言模型，成本動輒高達數百萬美元，根據史丹佛大學發布的《2024 人工智慧指數報告》（*Artificial Intelligence Index Report 2024*）顯示，2017 至 2023 年間，各家 AI 模型的訓練成本大幅上升，其中 GPT-4 約為 7,800 萬美元，Google 的 Gemini Ultra 則達到 1.91 億美元（圖表 3）。

其次，要訓練模型，還需要大量數據。放眼望去，也只有雲端業者或網路領頭羊才能擁有如此龐大的資料庫。顯然，AI 就是一場有錢的大人才能參與的昂貴賽局。

有鑑於此，全球都將目光和資本投向七巨頭；又或者，他們將巨額投資那些有潛力的 AI 相關新創，如同軍事備戰，準備發動下一場科技革命。在此，簡單分享七雄們各自的布局與企圖。

- **Nvidia**

生成式 AI 問世後，最大的受惠者，非 Nvidia 莫屬。

發展生成式 AI，必須持續推進機器學習，訓練、推理過程是複雜的矩陣運算。如果以傳統的 CPU（中央處理器）❷

運算，效能不佳。相較之下，AI更適合使用設計給電玩用的GPU（圖形處理器）❸，因為遊戲內的影像仰賴大量的數據運算呈現，更符合AI需求。

AI需求又分成雲端平台與應用服務。前者以大型平台為主，因為他們原本就擁有伺服器，只需要GPU，包括Meta、Google、Microsoft、Amazon都開始設計自己的晶片。應用服務部分，從遊戲到企業的生產力軟體業者，則是在原有服務上增加生成式AI，需要仰賴晶片、CPU晶片、伺服器都能做的供應商。因此，許多人都以GPU為基礎，開發專門為AI而做的CPU。目前Nvidia有領先優勢，因為它從晶片到開發工具CUDA，能系統性掌握工程師需求。其他業者即使能開發出AI晶片，暫時也趕不上Nvidia。

現在，Nvidia的企圖已經不甘於做一間晶片公司，近來，它頻頻展現出想直接賣伺服器、賣整套系統的企圖，積極推動軟體和硬體生態系，將產品線延伸至整個AI基礎設施，從而提高進入門檻，讓競爭對手難以取代。

只是受到美中對抗影響，Nvidia的GPU銷往中國有

---

❷ 電腦的核心部件，如同電腦的大腦，負責執行指令、處理數據和控制電腦的運作。

❸ 一種專門用於加速圖像和影片處理的專業處理器，又稱為繪圖晶片或顯示晶片。圖形處理器可以平行地對多個資料值執行相同的操作，從而提高許多運算密集型任務的處理效率。

所疑慮，加上中國 AI 公司深度求索的開源大型語言模型 DeepSeek 發布後，全球在訓練和使用端的晶片使用量有所調整，單價較低、利潤空間相對有限的應用晶片需求會增加，高單價、高利潤的訓練晶片需求則會減少，市場擔心影響到 Nvidia 的營收成長。

- **Microsoft**

Microsoft 的發展倒是出乎意料。原先，Microsoft 因為投資 OpenAI，腳步走得快，成為首家市值達到 4 兆美元的企業（約台幣 119.8 兆元），但隨著 OpenAI 尋求結構轉型、規畫上市，以及引入 Oracle、CoreWeave 等更多雲端夥伴，雙方正處於重新協商與調整階段。

Microsoft 的潛在風險是一開始過度依賴 OpenAI。企業必須自行開發共同平台，才能迅速整合旗下產品。過於倚賴外部系統，反而直接影響自家的產品發展與市場布局，導致受制於人。雖然，Microsoft 有推出 Phi 系列與 Orca、Mu 等自家訓練的語言與推理模型，但目前知名度、使用量均不如預期，這是 Microsoft 接下來的課題。

- **Google**

相較之下，Google Gemini 就算氣勢沒有 OpenAI 高，整合產品的速度卻最快，Gemini 已經被埋入 Google Workspace

的生態系中，新增的 NotebookLM 服務則提供更智慧的筆記與資料整理功能。Google 甚至將「AI 摘要」（AI Overview）的功能，直接導入 Google 搜尋。儘管，這和自家的廣告商業模式相牴觸，但人們的數位行為從搜尋朝問答式發展，這是生成式 AI 時代的必然趨勢，Google 顯然打算革自己的命，以尋找新的商業機會。

另外，DeepSeek 問世後，證明「小算力也能運轉好腦袋」，Google 亦開始增加對邊緣端晶片的投資比例。

• **Meta**

Meta 的開源模型 Llama，目前在應用上走得較慢。日前，創辦人馬克．祖克柏（Mark Zuckerberg）在公開信中指出，Meta 計畫打造全民可用的「個人超級智慧」，而做為主要運算裝置的智慧眼鏡，將成為超越手機的下一代運算平台。背後隱含的意涵，就是 Meta 認知到模仿 ChatGPT 並非最佳策略，應該回到自己擅長的路線——爭奪用戶的注意力。事實上，Meta 旗下有 Facebook、Instagram、Threads 和 WhatsApp 等社群平台與通訊軟體，如果將 AI 埋入其中，可以提供客服、購物等多元功能，長出類似 LINE 的生態系，或許是更好的發展路線。

- **Amazon**

電商是最先遭到 AI 衝擊的產業。而全球最大電商平台 Amazon，做為知名 AI 新創 Anthropic 的最大股東之一，早早便將旗下投資的語言模型 Claude 導入 AWS 生態圈，讓 AI 擔任「店長」，方便消費者進行智慧搜尋問答、個人化推薦，亦有助於商家自動生成產品詳細說明、預測庫存、調控動態價格等服務。Amazon 也是目前全球最大的機器人應用企業，積極部署逾百萬台倉儲機器人，做為搬運貨架、分揀包裹之用。

值得注意的是，Amazon 仍然堅持投入研發，從訓練自家大型語言模型「Olympus」，到開發同樣名為 Olympus 的 AI 晶片，都是期望降低對外部夥伴的依賴。

- **Tesla**

與其說 Tesla 是七雄之一，不如說馬斯克（Elon Musk）這個超級人類，自己就代表著「一雄」。2023 年 11 月，他旗下的 AI 公司 xAI 推出大型語言模型 Grok，主打能即時存取資料、敢言的回應風格，隨即便整合進自家社群平台 X（前身為 Twitter）。但是，Grok 野心更大，不甘於做 X 的附屬工具，尋求的是快速商業化，成長為一個生態系 AI 平台，深度整合進 Tesla 的車載 AI 系統。這一切，在在顯示馬斯克希望藉由串聯旗下所有事業體，打造出一個完整的「馬

斯克宇宙」的雄心壯志。

• Apple

最讓人霧裡看花的 Apple，沒有端出自己的大型語言模型，明顯落後其他巨頭一截，最有希望讓 AI 大幅落地的 AI 手機，則因為美中關稅問題懸而未決，陷入發展困境。

由於 Apple 的工廠設在中國、印度與越南等地，在關稅大戰下，出口 iPhone、Apple Watch（手錶）等產品到美國會被徵收高額關稅。近日，執行長庫克（Tim Cook）直接宣布將在未來四年內，對美投資 6,000 億美元（約台幣 17.8 兆元）。

對消費者來說，最有感的 AI 應用會是邊緣裝置，而人手一支的智慧型手機，就是 AI 應用普及的最佳載體。只是在關稅的夾擊下，要是 Apple 貿然推出 AI 手機，卻沒有殺手級的應用，一旦體驗不佳，消費者不會想要嘗試第二次。以手機常見的語音辨識技術為例，仍然是到雲端處理完後再回傳，而且用戶也不覺得速度慢，沒必要改在終端處理。另外，AI 手機還相當耗電，如果裝了 AI，可能讓手機的續航力從一天變半天，用戶使用意願就會降低，這個問題勢必要解決。

相較之下，AI 個人電腦（PC）更有機會在企業掀起浪潮。進入人與 AI 協作的時代，光是工程師寫程式就要使

用 Microsoft 的 Copilot。只是手機做為個人隨身攜帶的終端設備，屬於 AI 應用最直接的入口，能培養出用戶的使用習慣。如果 AI 手機這個最重要的入口尚未普及，AI 在個人電腦上的應用即使再強大，也難以像手機一樣迅速成為主流。我們只能先靜觀 Apple 的下一步。

- **OpenAI**

最後，不能不提生成式 AI 賽局的發動者 OpenAI。OpenAI 已經出現品牌效應，即便現今各家語言模型持續演進，表現差異也沒有太大，OpenAI 旗下產品仍然擁有最高的「心占率」[4]，包括 2025 年爆發的「吉卜力生圖」風潮，直接讓 ChatGPT 在全球多了 2 億名使用者。當時，由於圖片生成的請求大增，直接影響到伺服器運行，創辦人奧特曼（Sam Altman）一度求饒，直呼自家團隊「需要睡覺」，要大家先暫緩生成圖片。

OpenAI 為了鞏固領先地位，在 2025 年 1 月，宣布聯手軟體銀行（Soft Bank，俗稱軟銀）、Oracle、MGX 啟動「星際之門」（Stargate）AI 計畫，要於四年內投資 5,000 億美元（約台幣 14.9 兆元），在美國建置基礎設施，以維持美國在

---

[4] 當談及某產品、服務或產業關鍵字時，在眾多品牌中最常被消費者提及的比例。

AI 領域的全球領導地位。儘管，近期星際之門計畫有點「卡關」，OpenAI 發展 AI 的野心仍然一覽無遺，估值也節節高升，已上看 5,000 億美元。

但是，隨著愈來愈多競爭者出現，OpenAI 的挑戰也浮上檯面。如同前述所提，這場賽局的入場券相當昂貴，ChatGPT 因高速雲端運算需求，每日運行成本高達 70 萬美元（約台幣 2090 萬元）。2023 年，OpenAI 的營收為 37 億美元（約台幣 110.5 億元），約虧損 5.4 億美元（約台幣 161.3 億元）。研究機構預估，2025 年 OpenAI 的營收可望突破 127 億美元（約台幣 3793.8 億元），只是算力和 AI 訓練營運成本巨大，虧損可能也會擴大。在「高成長、高虧損」的模式下，如果 OpenAI 無法盡快找到有效的商業模式，未必能夠成為最後的贏家。

AI 的泡泡會吹破嗎？

回顧歷史，中國在 2008 年首次普及 3G 行動網路，在短短不到六個月的時間內，中國直接從固網時代躍入無線網路時代，上網人口從二億暴增至十億。再加上，當時世界上網人口才二十億，阿里巴巴、百度、騰訊等企業突然間擁有全球一半的上網人口。與此同時，美國正經歷金融風暴，在大家不看好美國內需下，為了救市而大量印鈔。由於大家對美

國經濟普遍抱持悲觀,熱錢便直接湧入中國,促使中國經濟高速成長,也間接支撐了美國的股價、房價與薪資,避免了經濟衰退。Google是隔年退出中國,我是眼睜睜地看著美國透過印鈔,印出一個中國。

時至今日,美國面臨不同的局面。雖然,它沒有一個像中國那樣龐大的市場,卻有AI。只是,AI的發展模式高度集中,與過去大相逕庭,當年的中國市場是所有國家、產業都能參與的盛宴,今日的AI賽局卻幾乎由七巨頭壟斷。過度集中的趨勢,便帶來泡沫化的隱憂。

我認為,AI領域的「泡泡」確實存在,科技七雄的總市值極為龐大,任何波動都可能引發巨大衝擊,只是短期內不太可能破裂。究其原因,在於這些巨頭都有穩定的營收基礎,而且在現有服務整合AI功能後,要讓營收持續增長、支撐股價並非難事。再加上,AI的「剛性需求」已經出現,這讓AI不再是虛無縹緲的願景,而是國家的面子、裡子之爭,以及企業與個人提升效率、創造價值的工具。

這場由科技巨頭主導的AI昂貴賽局,是未來幾年我們必須持續關注的焦點。泡泡是否會吹破,取決於這場競賽的本質,是虛幻的夢想,還是真實的需求。目前看來,AI已經從概念走向實際應用,這場革命或許昂貴,但改變世界的速度、產生的價值,也將是前所未有的。

第 6 章

窮人的原子彈 DeepSeek，AI 世界的再平衡

2025 年 1 月，來自中國杭州的 AI 公司深度求索宣布推出大型語言模型 DeepSeek-R1 和 DeepSeek-V3 後，隨即引發一片譁然。

深度求索強調，DeepSeek 不僅開源，推理能力與效能已經可匹敵、甚至部分超越美國主流模型，訓練成本更僅需 OpenAI GPT-4o、o1 等旗艦產品的 3％至 5％。震驚世界的結果，是上市首月便奪下美國 Apple 應用程式商店（App Store）免費類榜首，個人電腦、手機皆可本地離線執行，大幅降低使用門檻，有利於 AI 普及化。

我幾乎花了整個農曆新年期間，好好將 DeepSeek 研究一番。我發現，DeepSeek 的突破是證明透過模型精簡、架構優化等軟體層面的改進，能降低對硬體算力的依賴，實現「小算力也能運轉好腦袋」，也是大家討論最多、最關注的：如何降低 AI 的開發和使用成本？這點，從 OpenAI 和

Google 緊接其後，接續發表更強大但卻「升級不加價」的新 AI 模型，可以做為例證。

但是，除了讓 AI 更「親民」，我認為 DeepSeek 拉近開源、閉源技術的貢獻，讓原本高度集中的 AI 發展走向多元化。這對整體的科技發展是好事。

過去幾年，AI 發展可以歸納出幾個現象。第一，AI 技術和服務的主導權與利益，高度集中在 Google、Microsoft、Nvidia 等全球少數幾家美國企業；第二，AI 發展多聚焦在雲端，而非邊緣 AI（Edge AI）；第三，相關投資和研發的重點在硬體，較少著墨在軟體面的優化；第四，幾大領先者大多採閉源而非開源模式。

而 DeepSeek 的出現顛覆了這些現象，帶來 AI 世界的「再平衡」，等於發明了窮人的原子彈。

DeepSeek 如何絕處逢生？

原子彈分為「高大上做法」和「窮人做法」，世界上第一顆原子彈，必須用高大上的方式才能做到。一旦產製出來，原子彈製作方式又一直沒有變化，窮人就有施做空間了。

我們知道，發展 AI 的資源大多集中在 Google、Meta、Amazon 和 OpenAI 等幾家公司。AI 巨頭們的方向一致後，就會出現許多漏洞。例如，沒有照顧到開發者需求和軟體優

化，讓大家缺乏參與感。即便是 Meta 的開源模型 Llama，都因為買得到上百萬片的 GPU，便傾向用「硬體堆疊」（Hardware Stack）❶ 的方式來解決問題，而不願花時間、精力去優化軟體或降低成本，財大氣粗的做法反而讓成本和門檻居高不下。於是，中國就出現機會了。

DeepSeek 便是趁著大型語言模型變化不大、投資過熱的空檔將模型縮小，結果發現效果差不多，那用小模型豈不是更好？這類似於台灣人最熟悉的「Cost Down」（節省成本）。你可以說美國人財大氣粗、浪費資源，反之，也可以說如果沒有美國的創新，中國人就沒有辦法看見其中的務實面。從 0 到 1 向來是美國的拿手好戲，中國擅長的，則是從 1 到 10。

在 DeepSeek 向眾人展現小算力也能聰明運轉的能力後，不僅讓邊緣 AI 的可能性被看見，也讓大家再次關注開源的力量。近期，OpenAI 發布兩款 GPT-oss 系列開放權重語言模型，實力媲美 OpenAI o4-mini、o3-mini 模型。創辦人奧特曼直指，將強大的 AI 工具直接交予全球各地的開發者、研究人員，是確保 AI 惠及全人類的最佳途徑之一。

最重要的是，DeepSeek 給予美國一次重新反思的機會，

---

❶ 指的是一種電腦架構，其中記憶體主要以堆疊（Stack）的形式來儲存資料和指令。

讓科技巨頭注意到,他們可以運用資源優勢,有更聰明的玩法。

我認為,獨占市場被打開,不代表美國就此失去優勢。有人說 DeepSeek 是「偷襲珍珠港」❷,我更相信這是美國的「史普尼克時刻」(Sputnik Moment)❸。1957 年,蘇聯發射人造衛星「史普尼克一號」,讓自認科技領先的美國突然發現,蘇聯早就在太空科技、軍用火箭等領域超車自己,因此痛定思痛,全力動員,迅速做出一系列重大改革,最終在 1969 年成功登陸月球,確立世界科技強權的地位。

藉由 DeepSeek,美國發現自己過去過度依賴雲端技術,對開源社群支持不足、對軟體優化缺乏重視,以及僅靠財力硬砸 GPU 資源、一味拚大等問題。要知道,一支艦隊如果沒有人質疑、調整,都往同一個方向衝,是相當危險的行為。而 DeepSeek 打破了以往 Google、Meta、Amazon 等美國科技巨頭的同質化競爭,迫使它們打開了整個 AI 產業的思路,重新調整投資策略,也讓國家的整體戰略得以修正,這對美國來說是一種健康的改變。

例如,Google 推出的開源模型 Gemma 3 效能驚人,只

---

❷ 1941年日本軍隊偷襲美國珍珠港海軍基地,對美方造成重大打擊,引起美國對日宣戰。

❸ 這個詞彙現在用來泛指任何國家或社會在某項科技突破後,引發深刻反思和變革的時刻。

要一個 GPU，便能達成 DeepSeek 需要三十個 GPU 的運算水準。未來 Gemma 與 DeepSeek 之間也可能進行技術串接，有望為整個生態系帶來更大的變化。

而對 Google、Microsoft、Apple 等擁有終端裝置的企業來說，邊緣 AI 提供它們更多的安全性，減少對雲端的過度依賴。雲端的安全問題，導致企業用戶不敢將資料全部丟上去，一旦 AI 技術能在本地裝置或混合雲環境內運行，企業就能更靈活部署自己的 AI 系統。

目前，Google、Microsoft 對於 AI 的資本支出持續增加，分配也出現明顯轉變，原本集中在雲端的資源，開始有部分移轉至終端設備，尤其在硬體採購策略上，巨頭們更積極調整。

DeepSeek 的缺陷與機會

相較之下，中國的情況完全不同。對中國來說，DeepSeek 掀起的波瀾不如美國劇烈，但帶來的效應仍是正面大於負面。

近期，各家研究機構紛紛指出，DeepSeek 由於伺服器不穩、回應速度慢，以及專業領域回覆錯誤率偏高等問題，讓使用體驗大打折扣，導致使用率下滑。DeepSeek 可能因為數據量少、晶片數量不夠多等問題，加上身為開源

模型,商業模式尚不明朗,很難透過直接收費獲得足夠營收來支持研發。此外,美國認為 DeepSeek 是透過「蒸餾」(Distillation)方式,從閉源模型中提煉知識,有抄襲、竊取智慧財產權之嫌,使得美國政府和相關產業更容易以保護國家安全、智財權為由,限制 DeepSeek 在國際上流通。

AI 技術持續革新,本來便和資源、資金有關。就像有一群人參加跑步訓練,有個年輕的孩子跑得很快,所有人都說他是「英雄出少年」,可是競技運動比的是「氣長」,起手式佳不代表能贏下賽局,要有足夠的資源、完整的訓練計畫才能笑到最後。

這點,Google、Meta、Microsoft、Amazon、Nvidia、Apple 和 Tesla 等美國科技七雄還是占優勢。他們的資金、資源充足,有無窮無盡的「氣」,能夠不斷投入研發,進行大規模實驗,並將最新技術應用到產品中,維持領先地位。

那中國可以獲得什麼機會?答案是,加速 AI 技術的影響力與應用的普及。

一方面,DeepSeek 做為中國本土團隊,能迅速被在地企業信任,並藉此獲取大量中文數據、回饋和應用場景,並深度優化中文語境,使用戶體驗遠勝以英文為主體設計的 ChatGPT 系列。同時,DeepSeek 也符合中國政府的法規要求,讓各大企業順暢導入,這些特性不僅讓 DeepSeek 在中國快速普及,也引爆了企業端在應用層面的創新與成長。

例如，AI 專家李開復的「零一萬物」（01.AI），原先打算自行開發大型語言模型，但 DeepSeek 出現後，他便迅速調整策略，轉為以 DeepSeek 當做基礎，專注開發更多元的應用程式。零一萬物就像「中國版 Amazon」的電商平台，讓各界開發者在平台上直接使用 DeepSeek 技術，打造自己的產品和服務，進而促成中國 AI 產業的高度商業化。不過從技術層面來看，DeepSeek 本身水準中規中矩，並非顛覆性的創新，重要性更多體現在推動軟體優化的思維上。

同時，雖然 DeepSeek 使用量下降，但競爭對手、字節跳動旗下的 AI 智能助手「豆包」，倚賴字節跳動的流量導流，在 2025 年第二季躍居使用率冠軍；阿里巴巴、百度等大廠，亦推出價格更低、效能更高的同類應用程式介面產品，帶動產業應用的速度。

至於對台灣來說，DeepSeek 的出現也是一種再平衡。原先，台積電、鴻海、廣達、緯創等 Nvidia 概念股，因為高漲的 GPU 需求，讓台廠在全球 AI 硬體供應鏈中扮演關鍵角色，營收屢創新高，股價也一飛沖天。但是，有了 DeepSeek 之後，GPU 的需求下降，對台灣就是警訊。儘管，台灣還有 Apple 邊緣 AI 的機會，只是 Apple 的策略尚不明朗，一切充滿變數，等於提醒台灣企業仍然必須兼顧軟體。

另外，雲端戰場存在技術與大型資料中心建置的門檻，玩家有限，但當 AI 走入終端硬體，從 AI 個人電腦、AI 手機

到工業電腦，能夠參與的玩家一定會大幅增加，這便是台灣極佳的機會。

　　DeepSeek 讓全球看到，世界不是只有雲端，還有終端；不是只有閉源，還有開源；解決問題不是只靠硬體，還有軟體。DeepSeek 是將 AI 發展推向多元化的一大動力。

　　當科技的天秤不再傾向一邊，受益者不會只是美國，對台灣、全世界都會是件好事。

第 7 章

美中新冷戰，AI 重中之重

如果說，過去美蘇冷戰的核心是核子武器，那麼現今美中新冷戰的決勝關鍵就是 AI。美、中之間的 AI 競爭已經進入白熱化，這是一場決定未來十年、甚至百年的「聖杯之戰」。

中美貿易戰的對決

眾所周知，美、中對抗不是從 2025 年 4 月的關稅大戰才開始。2017 年，美國川普當選總統的首個任期，便對中國特定商品徵收反傾銷稅，發起中美對抗的前哨戰。隔年，川普直接宣稱中國偷竊了美國的智慧財產權和商業秘密，正式吹響美中貿易戰的號角。

2025 年，離川普的第二任總統就職宣誓不到三個月，便於 4 月 2 日丟出震撼彈，宣布對所有進口到美國的商品加徵 10％進口關稅，並對六十個的貿易夥伴，徵收 10％至 50％

的額外關稅。當時，我邊和家人在英國倫敦旅遊，邊忙著消化資料，立刻知道這會帶來世界級的海嘯。

川普的目的，一方面是向日本、韓國、台灣索取汽車、造船和半導體產業，甚至對所有進入美國的晶片、半導體，要求收取100％的關稅，期望讓高階製造回流美國。更重要的是，儘管美國先前已經推動「去紅供應鏈」，卻沒料到供應鏈會外溢成「中國＋N（外國）」，因此川普這次運用關稅手段，逼迫世界國家選邊站，打算連同「＋N」一同掃除。川普的想法是，美國市場那麼大，消化的卻都是中國產品，等於是美國在養中國，因此希望與中國脫鉤，並帶動其他國家一起做這件事。

川普的意圖很明確，但我特別注意到，各國政府、企業在那幾週忙得人仰馬翻，急著尋找解決方案，幾乎沒有人談論AI。顯然，面對經濟不景氣，今天都沒飯吃了，屬於明天的AI更是沒人管。只是，隨著關稅態勢日益明朗，大家很快就意識到，AI不僅沒有缺席，反而是這場戰役中不可或缺的「重中之重」。

首先，在關稅大戰的背景下，AI應用、落地的速度會加快。對企業來說，關稅衝擊直接導致成本增加，要想降本增效，便是導入AI。再加上，AI是不涉及關稅的軟體、雲端產業，導入成本相對可控。近幾個月來，以OpenAI、Google、Meta為首的西方AI巨頭，並未放緩競爭的腳步，

除了不斷提升大型語言模型的性能，OpenAI 更直接推出 ChatGPT Agent，將 AI 代理推向商業應用；Google 則在搜尋引擎中深度整合 AI，改變資訊獲取的方式；Meta 一方面聚焦 AI 在注意力經濟上的應用，還全力投入 AI 人才大戰。

相對地，中國向來走人海戰術路線，雖然無法如同美國般做到重大創新，但是應用速度快，一有新科技便立刻跟上，用自己的計畫經濟和內需市場來支持和追趕。比亞迪、蔚來、小鵬研發的智能電動車便是一例；當初 DeepSeek R1 模型推出不到一個月，便迅速接入微博，讓使用者搜尋熱搜時，直接生成 AI 摘要。

主權 AI 新戰場

中國當然清楚川普打的算盤，也計畫繞路硬體，從「主權 AI」切入，讓自家的軟體服務出海，打造「AI 版一帶一路」。

日前，OpenAI 便公開點名中國 AI 新創公司「Z.ai」（前稱「智譜 AI」），直指它正在向全世界擴張，為全球帶來的衝擊更勝 DeepSeek，原因正是 Z.ai 踩到了 OpenAI 相當在意的主權 AI（Sovereign AI）業務。主權 AI 指的是一國或區域、組織能夠自主掌控 AI 技術及相關資料的發展、部署和運用，包括數據、算法、基礎設施等方面，不依賴其他國

家或企業的技術和資源。

2024年，中國從逾百個大型語言模型大戰中，沉澱出「6＋2」的局面，其中「六小虎」，指的是Z.ai、MiniMax、百川智能、月之暗面、階躍星辰和零一萬物，二則是規模較小但具特色的深度求索與面壁智能。

2019年成立的Z.ai，除了模型開發業務外，亦積極拓展海外市場，在中東、馬來西亞、新加坡等地都設有辦事處，在印尼、越南等東南亞地區則設有聯合創新中心計畫，目前已經獲得約14億美元（約台幣420億元）的資金，正準備首次公開發行（IPO），這很明顯是中國對外輸出AI的重要戰略角色，成為「AI版一帶一路」的一環。

簡單來說，Z.ai不像一般模型公司，更像雲端服務商，有明確的全球擴張野心，並積極投入主權AI業務。細看Z.ai的策略，近似當年抖音的國際化操作。如果放在美中經濟競爭的架構下來看，過去美國在數位經濟領域大幅領先中國，雲端、軟體到網路服務等高附加價值產業，都是美國的強項，也是關稅課不到的「無形出口品」。而中國受限語言、法規等各種因素，網路、雲端等軟體服務都難以出海，目前能真正成功出海的中國數位品牌便是TikTok，雖然阿里巴巴、騰訊在電商、遊戲領域稍有斬獲，但在海外軟體服務市場仍然屬於邊緣角色。

進入AI時代，中國看準這波「翻身契機」，善用關稅

大戰的機會，巧妙從地緣政治的角度切入，以中國擅長的「性價比」特色搶市。OpenAI 現在為各國打造主權 AI 的開價不低，如果中國能提供效能相近的模型，價格又僅有十分之一，誘惑自然高。這有點類似當年 LINE 率先進軍台灣，成為台灣最大的通訊軟體，讓後進的 WhatsApp 難以搶灘。只要占得先機，就有機會定下規格與秩序。

以十抵一試圖彎道超車

中國的「AI 版一帶一路」策略，不僅有機會帶動華為晶片出海，也帶出晶片議題。

前陣子，華為創辦人任正非說，華為只落後美國一個世代，大約是 30％ 的速度，如果有空間、有電力，就可以用 10 倍硬體疊起追上。根據我的經驗，這句話的意思是，中國擁有「小米加步槍」的精神，習慣動用「人海戰術」，讓幾千個人一起投入美國靠十幾個工程師解決的難題，而最終結果可能差不多。

也因此，儘管 Nvidia 努力重返中國市場，美國也同意讓他們的特供版 H20 晶片銷往中國，但華爾街投資機構伯恩斯坦（Bernstein）卻直指，Nvidia 將難以恢復過去的市占率。再加上，中芯、華為等中國晶片商勢必會被美國課徵 100％ 的半導體關稅，智能車終究去不了美國，中國盤算不如直接

放棄美國市場,並棄用 Nvidia 的 GPU,同時專心掌握整個 AI 技術鏈,轉向國產化晶片來走自己的路,這也是黃仁勳如此焦慮的原因。

中國本來就能設計、生產晶片,只是無法生產像台積電一樣「最先進的晶片」。中國國產晶片效能確實較低,不如 Nvidia,可是拿十片當一片用也是可行模式。DeepSeek 就是工程師運用沒那麼高階的晶片,打造出能力不錯的語言模型。同樣地,其他中國公司也能直接使用 DeepSeek 的模型來發展應用。

反觀,Apple、Nvidia 等美國巨頭,雖然有設計晶片的能力,但生產主要集中在台灣,而中國生產的晶片數量比美國多太多了,這正是美國前總統拜登及川普都急著要台積電到美國設廠的關鍵。

中國的「國際化」隱憂

當然,中國要出海也有隱憂。當前最大的問題,是雲端生態系的封閉與不成熟。在中國以外的世界,用的都是 Amazon AWS、Microsoft Azure、Google GCP 等美國大廠的雲端服務,OpenAI 也很容易掛接這些服務,工具鏈相當完整。

但是,以 Z.ai 來說,雲端掛在阿里雲上,用的也是中國開發的工具和平台,整體開發流程、語言環境、支援社群都

不如美系主流，其他國家若要採用 Z.ai 的模型，需要考量雲端等其他服務之間的串接。很現實的問題是，誰願意花錢從 AWS、Azure 等美系雲端服務，大舉遷移到阿里雲等中國雲端服務？不僅成本高、風險大，維護起來也吃人力。

顯然，低價與政治整合力是中國向海外輸出 AI 的優勢。Z.ai 想為他國建置主權 AI 資料中心，受中國支持、打造基礎建設的一帶一路那些國家會是相對容易進入的地方。工具鏈與服務流程無法全球化是中國目前的弱勢，中國想在 AI 大戰取得最後勝利，取決於自家雲端與數位服務的「國際化」能力。

至於對內，中國的大型語言模型仍然難以變現，導致 AI 內捲嚴重，接下來可能會出現一波企業倒閉潮。放手競爭、再由政府選定贏家，向來是中國的典型模式，「國進民退」幾乎是宿命。現今中國的解決方式，是將重心轉向實體世界的戰場──人形機器人，期望借重成熟的製造業、內需市場，發揮既有的軟硬整合優勢。

由此可見，在美中兩國的 AI 發展中，重要的創新通常來自美國，擴大應用則來自中國。

終局之戰

美國之所以具備高度競爭力，是因為它始終堅持走在最

前沿，將目標設在技術極限之上，而現在看到的美中科技競爭核心，最終成果會反映在 AGI 這條路。

為了維持 AI 發展的優勢，2024 年，美國國會美中經濟與安全審查委員會（USCC）呼籲效法二戰時原子彈研發的「曼哈頓計畫」模式，主張政府、產業和學術跨界整合，舉全國之力、資源至國防的力量，投入 AI 研發，尤其聚焦 AGI。

AGI 的極致，是在複雜情勢下為人類決策。例如，兩軍作戰時，機動的飛行路徑、導彈的攔截或攻擊時間，速度快到無法由人下達命令，此時就必須仰賴 AI。等於誰掌握了 AGI，誰就掌握了未來社會的運作權，這是超越經濟、軍事，甚至是文化影響力的終極權力，也是為什麼 AGI 被稱為「聖杯」，因為它代表著一個全新文明的起點。

目前，美國在 AGI 的發展上取得先機，動能來自於它對創新的資本估值能力。華爾街是全世界最敢給出高估值的地方，即便你現在還沒賺錢，只要產品具有想像空間，就能拿到資金去實驗、去冒險。美國對資本市場的容忍度高，能承擔短期沒有商業回報的風險，讓創新永遠不缺火種，這成為推動 AGI 最關鍵的燃料。

這場 AI 大戰是持久戰，而且戰火才剛剛開始，美國、中國各有千秋，卻也都有極限。真正的關鍵不在誰輸誰贏，而在我們這一代能不能學習駕馭這場革命。別當工業革命時被機器輾壓的工人，要學會上車、開車，學會當指揮家，才是我們的未來。

第 8 章

護國神山台積電，AI 大戰的 X 因子

2025 年 7 月 21 日，台積電再度迎來歷史紀錄。護國神山的市值首度突破 1 兆美元（約台幣 30 兆元），成為 2007 年中國石油天然氣集團短暫越過 1 兆美元大關以來，首支市值逾 1 兆美元的亞洲股票，也是全球前十大市值的企業之一。事實上，一年前台積電市值首次突破 26 兆台幣時，便已超過台灣一整年的 GDP。

雖然，世界七大領先的 AI 企業裡頭並未提及台積電，但護國神山的優異表現，讓我傾向將它計入科技新七雄中。而這一切，都拜 AI 需求持續推升所賜。

如果說「石油」是 20 世紀代表性的產業，那麼 21 世紀的「新石油」，可能是數據，可能是半導體，二者缺一不可。要是沒有半導體 IC，現在 AI 是推不動的，因為你需要一個硬體載體。台積電提供的，正是半導體的神經中樞，為這場數據革命奠定基石。

講誇張一點，在美中對抗的情勢下，沒有台積電，中國

會讓美國更煩心、更難纏，如果不加快晶片國產化的腳步，不具生產力的美國就沒有明天，直接在這場戰役中喪失競爭力。台積電儼然是美中對抗的 X 因子，也是川普想方設法要求台積電到美國製造的最主要原因。

那些護國神山的新機遇

台積電的成功並非偶然，而是台灣歷史脈絡的累積。

大家可以想想，我們是一座僅有二千三百萬人口、只占全球 GDP 千分之幾的小島，卻培育了一家世界前十大企業。好萊塢電影裡，外星人只會去紐約、去洛杉磯等大城市，可是台積電的出現，堪比外星人降臨台灣，讓台灣有一則可以說嘴百年的故事，這是多麼多麼不容易的事！

前陣子，紀錄片《造山者─世紀的賭注》上映，是台灣首部深度描寫半導體產業發展史的作品，說明了台灣半導體產業、台積電的誕生，其來有自。日本治台時期，為台灣建立了基礎建設；1949 年國民黨來台，將教育制度、政治運作體系和菁英一併帶來。1960 年代起，美國對台灣開放科技留學，掀起「來來來，來台大、去去去，去美國」的風潮，菁英們負笈美國，解決了台灣島離世界最遠的問題。到了 1970 年代，台灣政府派了第一批工程師前往美國無線電公司（Radio Corporation of America, RCA）學習半導體技術。這

群「造山者」日以繼夜投入研發、學習,逐步克服資金、人力、技術等限制,推動台灣半導體聚落,最終成就台積電、聯華電子等護國神山群。

2000 年後,台灣半導體產業的成長,主要來自個人電腦和手機等消費性電子產品。2022 年 11 月,隨著 AI 技術突破、生成式 AI 問世,又為產業注入前所未有的強勁動能。從大規模的 AI 訓練伺服器、終端的 AI 個人電腦和 AI 手機,到太空、軍事國防武器,都需要晶片,市場對運算效能的需求呈現指數級增長。而台積電憑著領先全球的先進製程技術,成為各家 AI 晶片設計公司的首選代工夥伴,確保了這一波科技浪潮中的核心優勢。

目前,台積電主要由 Nvidia、Apple 兩大客戶支撐。受到美中晶片管制的地緣政治因素影響,Nvidia 的「訓練端」需求充滿不確定,甚至減少,導致毛利下降。隨著 DeepSeek、Google Gemma 等開源模型日益普及,以及各家語言模型仍在持續進化,「使用端」需求反而會快速成長,儘管消費市場對價格較敏感,讓產品毛利不比訓練端高,但這股力量促使更多企業建置自己的 AI 伺服器。未來,不再只是雲端巨頭下單,可能會出現數以千計、萬計的中小型企業購買伺服器,這對整個供應鏈來說都是全新的市場機會。

至於華碩(ASUS)、宏碁(Acer)的 AI 個人電腦和 Apple AI 手機的興起,也有機會為台積電帶來新的出貨動

能。在 AI 時代慢半拍的 Apple，對於在 iPhone 導入邊緣 AI 仍然抱持謹慎態度，但其做為全球智慧裝置龍頭，一旦決定將 AI 功能大規模整合至產品內，全球廣大的消費者勢必會掀起市場巨大的需求。

有趣的是，台積電這個半導體巨頭也能成為 AI 的深度使用者，是台灣最需要 AI、最有實力發展 AI 的企業。現今晶片廠都在先進封裝製程上積極尋求突破，台積電不僅取得先機，還投入大量資源、延攬 AI 人才，並導入智慧製造、運用數位孿生技術做到快速擴廠、製程最佳化，不但能提升良率，還能降本增效，這是台灣其他製造業、傳產升級轉型的最佳借鏡（參考第 11 章）。

半導體產業的風險

研究機構普遍預估，至少到 2030 年，台積電及半導體產業還能持續朝高峰發展。我和內閣長官聊天時常說，至少在你們這一任不用太擔心，台積電成長得非常快速，而且還會往上。可是之後呢？沒有任何產業可以永遠站在高點，當半導體產業進入下一個循環時，台灣的下一步在哪裡？

我們要思考的是，台積電占台灣的 GDP 已經逾 20％，在股市占比也超過 35％，加上前面提到的，台積電的市值等同於台灣一年的 GDP，護國神山的角色已經超過當年三星

之於南韓的重要性。台灣被列為世界最危險的國家，關鍵因素不是兩岸關係，而是高度集中單一產業、單一公司。

同時，華為、三星做為競爭者，同樣不遺餘力地善用AI，改善製程技術、提升良率、加快驗證進度，四處尋求彎道超車的機會。這是台積電在領先地位上的風險。

我們每天都會聽到AI，也會聽到台積電，護國神山被國際討論的頻率早就比台灣還多。這場AI之戰中，台灣很幸運有個台積電，雖然規模不比美國、中國，卻能搶占先機，2024年全球唯二成長的股票市場，就是美國和台灣。AI這條路還很寬廣，台積電已經走在*趨勢*之上，身旁其他的台灣產業也要緊緊跟上，絲毫不能落後。

第 9 章
網路開放性面臨挑戰，要 Open，才有 AI

在 AI 快速發展的時代，網路的開放性正遭受前所未有的挑戰。

在先前的章節中，我提到訓練大型語言模型需要足夠的數據、算力資源，因此造成發展高度集中的問題（參考第 5 章）。更重要的是，目前 AI 的內容有 90％以英語為主，但地球上有逾七千種個自然語言，ChatGPT 僅支持一百種，其中還只有英文經過優化。在此情形下，不只發展集中，內容也相當集中。

當 AI 發展集中、內容單一化衝擊現有網路生態時，我們能否繼續保有網路的開放與多元？

AI 摧毀創作者的生態

2010 年代是素人創業的時代。在網路上有二千萬個網

站,手機則有八百萬個應用程式,素人創業生機勃勃。那時的網路就像百花齊放、設施琳琅滿目的生態公園,所有人都能自由創作、分享,使用者可以在搜尋引擎下關鍵字查詢,再翻箱倒櫃尋找中意的答案。這逐漸形成內容開放、透過搜尋引擎傳遞並分享廣告收益的商業模式,也就是 Google 的「連結經濟」(Connective Business),連結使用者與內容,並將流量導流給內容創作者。

但是,具備寫文章、畫圖、生成影片能力的 AI,可以不眠不休產出大量免費內容,人們使用網路的方式顛倒過來,多數人轉向問生成式 AI 問題、獲得單一答案,也無法跟 AI 求證。時間久了,問的人可能逐漸不在意內容出處與正確性,而人類創作者則因為創作無法被看見,導致生存空間漸漸被 AI 排擠。

前面提過的「零點擊時代」就是這種現象的最好解讀。使用者透過生成式 AI 獲得摘要內容,不需要再額外點擊網站出處。尤其 2025 年 5 月,Google 推出 AI 摘要功能後,許多媒體、內容網站的點閱率呈現雪崩式下滑。事實上,AI 摘要模式和 Google 靠流量獲取廣告收入的商業模式相悖,雖然目前 Google 的財報表現還沒有太大的影響,但流量下滑的趨勢已經對內容創作者的生存造成巨大壓力。

Google 崛起時,公司秉持「Don't be evil.」。(不作惡)的文化,意指 Google 承諾不利用搜尋引擎的演算法權

力，偏袒某些網站、內容，而是秉持公正、透明的原則，確保搜尋結果的多元性。然而，搜尋引擎可以決定搜尋結果，如果每個人輸入相同的關鍵字，只會看到相同的答案，世界就成了一言堂。所以，搜尋引擎的設計非常複雜，即使是同樣的關鍵字，依據使用者身處環境、不同 IP、輸入的語言，得到的答案也會不一樣。

到了 AI 時代，AI 內容充斥，著作權界線尚不明朗，內容創作擔心自己的創作被 AI 抄襲，便被迫將作品「圍牆化」，變成收費的「孤島」。因此，我認為，未來世界真正的危機不是 AI 技術的不開放，而是內容創作者的封閉──人類產製的內容失去商業支持，媒體業無法從中獲利，導致創作者枯萎，人類創作消失。

「開放」是關鍵

說到這裡，我始終堅持，Open 才能有 AI，「公平使用」是網際網路的重點。

細想，要是現在我們可以隨時取用的 ChatGPT，未來不再開放怎麼辦？還有 Meta 的 Llama、Google Gemma、OpenAI 的 GPT-oss 系列等開放權重模型，如果也不存在呢？

Google 前董事長施密特（Eric Schmidt）曾言，開放原始碼很可能因為公司沒有收益而無法支撐，最後只剩封閉型的

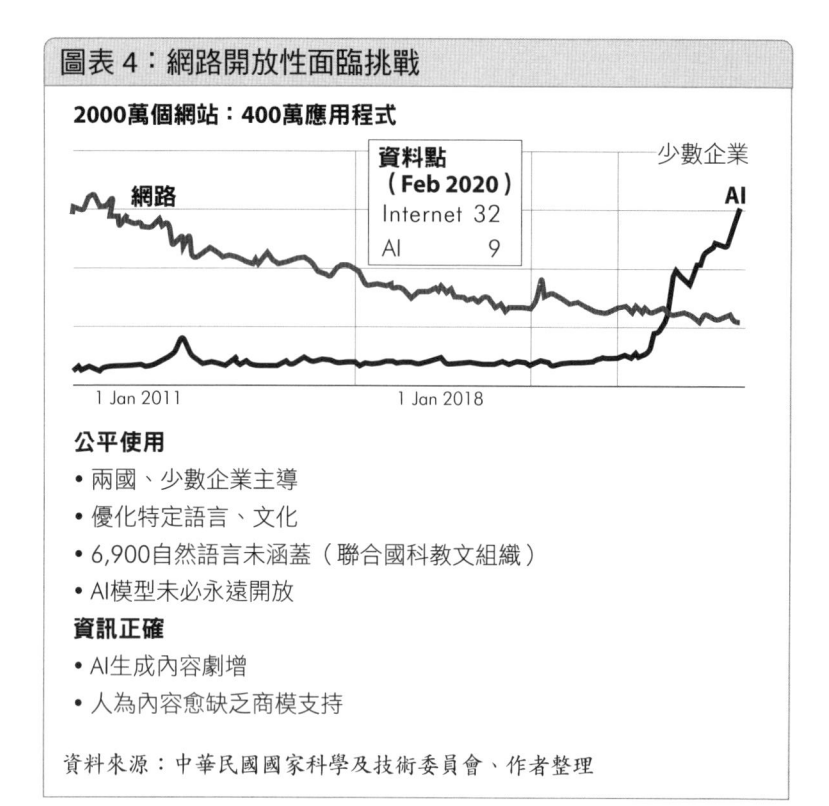

> **圖表 4：網路開放性面臨挑戰**
>
> 2000萬個網站：400萬應用程式
>
> 資料點（Feb 2020）
> Internet 32
> AI 9
>
> 網路　　　　　　　　　　　　　　　少數企業
> 　　　　　　　　　　　　　　　　　　AI
>
> 1 Jan 2011　　　　1 Jan 2018
>
> **公平使用**
> - 兩國、少數企業主導
> - 優化特定語言、文化
> - 6,900自然語言未涵蓋（聯合國科教文組織）
> - AI模型未必永遠開放
>
> **資訊正確**
> - AI生成內容劇增
> - 人為內容愈缺乏商模支持
>
> 資料來源：中華民國國家科學及技術委員會、作者整理

AI 系統，有錢、願意付費的人才能使用（圖表 4 顯示查詢「網路」的流量持續減少，查詢「AI」的流量快速增加，衍生公平使用與資訊正確隱憂。）。

為此，我們必須理解 AI 系統的運作方式，才能打造對創作者、AI 公司友善的 AI 環境。所以，現在很多人在強調

AI 倫理，要求 OpenAI 公布訓練資料來源、揭露如何訓練模型；OpenAI 創辦人奧特曼去日本時，便應允日本政府，會提升日本相關的學習數據權重、提供政府公開數據分析、共享使用大型語言模型的學習方法。當我們知道 ChatGPT 怎麼訓練模型、知道如何追溯來源，才能提高大型語言模型的開放程度，同時避免讓世界的多元性消失殆盡。

　　網路的開放性不僅是技術議題，更是關乎人類創作、資訊自由與社會多元的根本，我們應該建立新的連結經濟，維繫一個開放的 AI 生態，讓世界繼續保有連結與交流，而非被「黑盒子」所統治，最終才能走向更多元、更公平的未來。

小結
AI 是機會也是風險

　　針對 AI 議題,我一年有近百場題目由主辦方設定的演講,包括分享 AI 的最新趨勢,以及可以如何應用、落地等。許多人說,他們知道 AI 對企業很重要,要積極投入 AI 轉型,但 AI 也有隱私、資安問題,擔心自家的商業機密或客戶資料被 AI 用於模型訓練。

　　就我觀察,詢問這類問題的,通常不會是組織的董事長、執行長們,而是資訊部門(MIS)的主管。過去我很少談論 AI 的隱私、資安議題,是因為我認為 AI 還在飛速進化,要是連優點都還不了解,就先談缺點,恐怕會錯失轉型的最佳時機。

政府與民間的 AI 隱憂

　　事實上,身處數位時代,永遠會遇到隱私、資安問題。以政府為例,所有公部門想推行任何專案時,一旦涉及「數

據授權」，便經常受阻，尤其是跨部門之間的數據交換，大家首先想到的，不是專案會帶來什麼成效，而是「你可以用我的數據嗎？」的防禦心態，這導致建構 AI 應用的難度極高。例如，當政府單位想整合醫療紀錄、交通流動記錄等不同部門的數據來預測傳染病傳播路徑時，常常會因為個資保護法規而卡關，導致專案延宕或停擺。因此，只要全世界政府跨部門的資料管線（pipeline）未能有效串接，清楚定義數據使用的權限，各部門就只會用自己拿得到的資料，做出搪塞外界的東西。

相較之下，企業因為追求最高利潤，心態相對開放，我確實看到 AI 對公司的助益，像是 AI 驅動的個人化購物推薦能有效提升營收；智慧倉儲則能大幅降低營運成本。反之，AI 也帶來新風險，企業擔憂導入 AI 會提升數據外洩的風險。例如，一位公司高層常使用 AI 做為決策的輔助工具，某天有心人拿到手機，打開 ChatGPT 詢問昨天的聊天內容，ChatGPT 那麼健談，一定直接透漏公司的重大決策與商業機密。另外，還有客戶資料可能遭到誤用、涉及智財權等種種問題。

我建議，企業可以從「公司治理」的角度看待資安、隱私權議題。在 AI 時代，公司治理變得格外重要，因為它能確保企業在享受 AI 紅利的同時，也能有效管理資安、隱私與道德等新興風險。

再者，推動 AI 應用，要先從風險較低、有感的案例開始。這就像為一項價值 100 元的資產，花 10 元購買保險，一旦你發現它的價值高達 100 萬元時，自然會願意投入 10 萬元購買更全面的保障。風險需要用保險來分擔，以公司內部來說，管理階層必須走在前方，提升員工的 AI 素養，並確認 AI 的潛在價值，才有能力面對風險。這凸顯了在公司治理必須權衡的「目的性」與「安全性」。一味追求最高的安全性，可能導致所有數據都無法使用，AI 應用也無從談起。相反地，只顧著追求目的性而犧牲安全性，又會讓企業面臨資安風險與法律責任。

AI 對公司治理本身，也會帶來變革。從董事會監察的角色來看，AI 不僅是他們需要監督的風險，也成為他們提升治理效率的工具。AI 還讓許多審計工作變得更簡單、更深入，例如透過 AI 追蹤董事會決議的執行情況，以及分析企業形象的輿論變化，擴大治理的深度與廣度。這意味著董事會可以從「當責」和「透明度」的角度，檢視 AI 究竟是機會還是風險。

在 AI 時代，AI 帶來的機會與風險並存，如同本書最重要的主軸── 1：99 的挑戰，抓住機會的國家、企業、個人，都有可能會成為獨一無二、遠超他人的「1」，其他人則成了遠遠落後的「99」。

杯水是半滿還是半空？AI 是機會還是風險？一切端看我們如何看待、應用它。

PART II

台灣未來

台灣篇

面對美中分流，台灣應善用硬體優勢，
推動智慧製造與 AI 轉型，
整合軟硬體，捍衛數位主權，
把握黃金十年成為世界科技樞紐。

第10章

美中分流,做「世界的台灣」

2025年4月2日,美國總統川普宣布,為了糾正多年貿易逆差、打破持續的不平等貿易障礙,對所有輸美商品徵收10％的關稅。另外,再對部分貿易逆差大、障礙多的國家,額外徵收15％至50％不等的關稅。這場無預警的「關稅大戰」,引發全球貿易體系劇烈震盪。

7月,美國與歐盟、日本、台灣、越南等世界各國經過數度協商、調整後,關稅結果一一揭曉,儘管川普的風格向來是「滾動式調整」,但跨國企業仍紛紛忙著重新布局全球發展策略,以因應未來的變局。

川普發起這場關稅大戰,看似為無差別攻擊,但真正的意圖是劍指「去中國化」,除了降低對中國的製造依賴,鼓勵製造業回流美國,也計畫去除「中國＋N」的供應鏈,削弱中國在全球經濟的影響力,確保關鍵產業的安全。

美國製造是台灣唯一的選項嗎？

失去中國生產製造、代工的美國，現在最需要的，便是日本、韓國、台灣的補位。美國的算盤是，日本負責汽車業，韓國是造船業，台灣要補上的，則是 AI 時代最重要的半導體資通訊產業。因此，在美國的壓力下，台商行之多年的「台灣＋CN（中國）」生產模式，將逐漸變成「台灣＋N（多國）」，台灣等於去除紅色供應鏈，成為美系供應鏈的一環。

近來，中國憑藉著政策扶植、龐大內需市場與成本優勢，積極發展本土供應鏈，導致台灣許多中低階產業，面臨訂單流失、技術被取代的壓力。隨著台商成為美系製造主力，中企被阻擋在外，台商扮演的角色會日益重要。

以我在「網通」上市公司擔任獨立董事來看，網通業的營收通常較多元，除了美國，歐洲、日本、中國、東南亞與新興地區都是市場，在關稅戰中受到的影響不算太大。這件事帶來的啟示是，儘管美國製造是必然，但低階製造不可能落地美國，我們要關注的，是從「台灣＋N」的角度出發，重新尋找合適地點——台灣企業一旦脫離中國，應該去哪裡？

我建議，台灣的下一步是積極「擁抱全世界」。不要將雞蛋放在同一個籃子裡，我們可以逐水草而居，認知到在美國之外，還有歐洲、亞洲市場，並從中找到每個據點的不同

定位。

如同台積電在日本建廠、計畫在德國投資時，考量到日本在半導體材料與設備方面的優勢，以及汽車是德國的重要產業，因此以發展成熟製程為主。至於到美國設廠，考慮的則是美系客戶需求集中在先進晶片，加上成本、投報率均高，所以著重先進製程。

近年來，中國內捲嚴重、人才大量外溢，海外華裔人口數已達二億。我始終認為，台灣在不講中文的地方講中文，反而能創造優勢，因為光是在歐美國家針對內需推出中文服務，也可以做很多事。

儘管，這二億人未必都說中文，但也無妨！台灣企業的人才策略可以是第一圈先鎖定海外台灣人，再往外擴展是海外華人，最外圈則是當地優秀人才。而且，AI 技術的精進還會加快我們成為「世界台灣」的速度。台積電視在工廠裡導入客製化的 AI 翻譯工具，為資訊技術的優先發展項目，日後語言不再是問題，文化差異也會隨著時間消弭。

還要注意的是，中東是 AI 時代裡，我們亟需關注的市場。

中東在美中關係中的角色

中東本來就是中國積極布局、頻繁合作的區域。2024

年，美國曾針對阿拉伯聯合大公國、沙烏地阿拉伯和卡達等國祭出出口限制，必須取得特殊許可，先進 AI 晶片才能出口至當地。但是，2025 年 5 月後，美方陸續放寬政策，開放中東使用 GPU、解除 AI 晶片銷售到中國的禁令，實質上是美國本土缺乏足夠能源，考慮美國企業資料中心的需求，必須默許中國繞道獲取晶片，這將顯著提升中東的影響力。

中東除了有錢，還有能源，能源正是美國現在最匱乏的資源。美國並非缺乏興建 AI 資料中心的資金，也不是買不起 GPU，他們缺的是電。蓋一座電廠大概要四年，因此電力成為美國目前的最大瓶頸。如今，美國願意讓中東買 GPU，正是希望中東能趕緊蓋出一批資料中心供美國使用，中東等於幫美國「承接」全球訓練的算力需求。

未來，中東在全球 AI 發展中，很可能扮演「訓練中心」的要角，這也顛覆了中東過往的發展戰略。早期阿拉伯是丟錢到世界各國去投資，新冠肺炎疫情後，他們選擇回防自家、建立基礎建設，以吸引產業和人才移居。

終端的服務與運算將會轉移中東，台灣必須重新認識這個市場，思考自己在這裡有什麼機會、能做些什麼事。

另外，最適合台灣的「新全球化」模式，可能是「海外生產、在台研發」的策略（圖表 5）。

善用 Taiwan ＋ N 策略

面對當前的地緣政治變局，以製造業為主的台灣企業要順勢而為，透過海外生產據點，就近製造、擴大產能，並推動供應鏈國際化，以降低單一市場風險。既然美國製造已經成定局，初期台灣企業想招聘當地人才肯定不易，如果運用研發在台的優勢，充分利用台灣現有成熟的半導體與資通訊

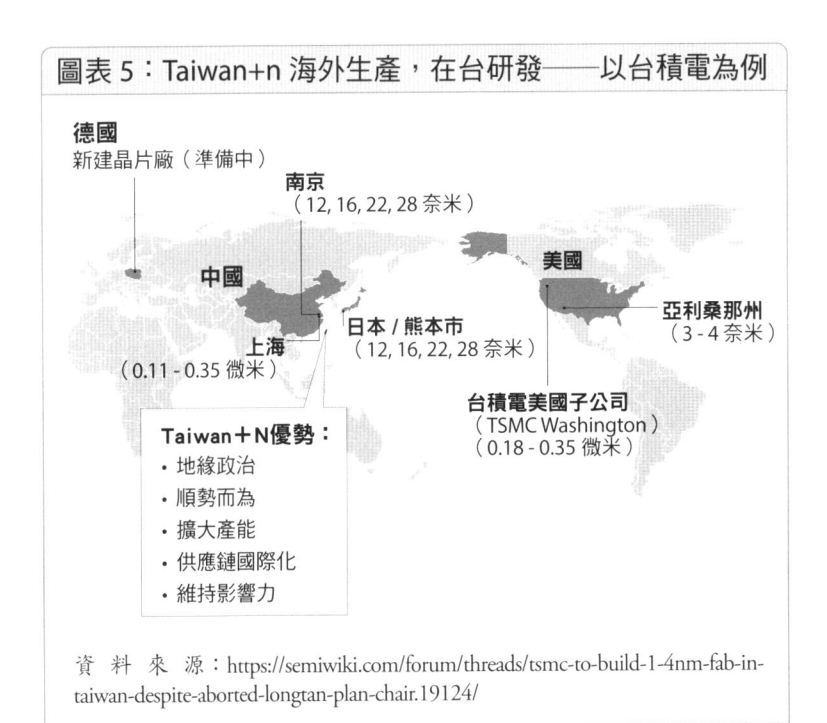

圖表 5：Taiwan+n 海外生產，在台研發──以台積電為例

德國
新建晶片廠（準備中）

南京
（12, 16, 22, 28 奈米）

中國

美國

亞利桑那州
（3 - 4 奈米）

日本／熊本市
（12, 16, 22, 28 奈米）

上海
（0.11 - 0.35 微米）

台積電美國子公司
（TSMC Washington）
（0.18 - 0.35 微米）

Taiwan＋N優勢：
・地緣政治
・順勢而為
・擴大產能
・供應鏈國際化
・維持影響力

資料來源：https://semiwiki.com/forum/threads/tsmc-to-build-1-4nm-fab-in-taiwan-despite-aborted-longtan-plan-chair.19124/

產業人才庫，不但可以有效降低研發成本，還可以加速產品開發。美超微電腦（Supermicro）、智慧導航與健康可穿戴品牌 Garmin 都採在台研發、生產和銷售在美國的模式。

我們也別忘了，善用護國神山群的力量，在海外發揮影響力、提升競爭力。一旦台積電變成世界的台積電，愈來愈多人看懂這間公司，不僅招聘人才更容易，其供應商說自己為台積電服務，也能提升品牌形象與市場信任度，進而拓展更多合作機會。就像台灣有些水泥預拌車後頭會寫上「台北101 協力廠商」，其實便是藉由與台北 101 的連結，增加專業形象和客戶信賴度。

一卡皮箱走天下是台灣戰後經濟崛起的縮影，儘管台灣面臨土地狹小、缺乏天然資源、內需有限等困境，大批創業第一代、中小企業老闆依舊不畏艱辛，手提皮箱走向全球，以「接單生產」模式將台灣製造的衣服、玩具、傘、家具、五金等產品外銷世界。台灣各產業的老闆們能挺立至今，憑的正是逐水草而居、不斷遷徙的精神與能力。

隨著台灣的發展路徑，逐步從中國製造轉為美國製造、世界製造，相信藉由我們最擅長的彈性與韌性，「世界的台灣」近在眼前。

第 11 章

投入智慧製造，加速 AI 轉型

在新一輪的美中關稅戰下，一切充滿不確定性。以日本來說，川普先是在 2025 年 4 月 2 日宣布要徵收 24％關稅，經過兩個多月的協商，由於日本堅不退讓，關稅微升至 25％，後來又降到 15％，好不容易才拍板定案；歐盟亦經歷 30％到 15％的關稅調整。政策如此反反覆覆、難以預測，成為企業經營最大的挑戰。

目前來看，唯一能確定的是，在美國極力想要去除「中國＋N」供應鏈的情況下，台灣從中國製造轉為美國製造勢在必行，「台灣＋N」供應鏈的動態調整能力，將成為重中之重。

在此情形下，「智慧製造」可謂空前重要，一旦台廠具備這項能力，效益將不只是在美國落地，更會提高全球生產的彈性，達成做「世界的台灣」的目標。

智慧製造為什麼如此重要？

首先，台灣企業長期缺乏競爭力的最主要原因，便是自動化程度不足。

以供應鏈管理為例，整個供應鏈就是一個小小世界，裡頭有產品良率、生產效率等製造現場的數據，還有訂單狀態、庫存量、交貨時間等各種資訊。傳統上，與供應商溝通、協調主要依賴人工作業，容易導致資訊傳遞不即時、溝通效率低下、數據經常出錯，甚至延誤生產、斷鏈等困境。如果 AI 導入管理，升級成智慧製造，供應鏈就不再是各自獨立的環節，而是緊密相連的資料生態系，能藉由管理和預測，讓數據在供應鏈中順暢流動、分享，大幅提升企業競爭力。

其次，AI 能為半導體產業注入轉型能量，帶動創新。

過去幾十年來，半導體的議題並非緊扣 AI，但近來隨著生成式 AI 的需求擴大，從 AI 晶片、伺服器、資料中心到邊緣 AI 的快速發展，都讓半導體的成長項目圍繞著 AI 改變。

人們說，21 世紀的石油是數據，現在我們可以更進一步地說，半導體也等同於未來石油。原因在於，有人認為 Nvidia 的產品賣得太貴，導致 AI 產業無法規模化，畢竟很多應用是買不到 GPU 就沒辦法擴展。AI 模型的訓練、推論太耗算力，因此 AI 要想規模化，有賴於半導體技術與設備持續突破、壓低成本。

反過來看，在半導體協助 AI 規模化前，AI 可以先把注半導體產業轉型的能量。半導體的生產製程、能源和供應鏈管理，以及 IC 設計自動化軟體的升級，很大部分都能靠 AI 降低難度與成本，加速半導體產業的發展。

再者，對於「海外生產、在台研發」的「台灣＋N」目標，如果將 AI、數位孿生技術（Digital Twin）應用在「海外生產」，也就是工廠的整體設計在台灣做完，用 AI 進行模擬之後，再到海外蓋出一座一樣的工廠，不僅能加快落地海外的速度，還能將一定程度的研發能量，留在台灣。

導入數位孿生技術，近似於餐廳中央工廠的概念，主要原料都來自同一個地方就不會有問題。假如某企業在美國導入智慧製造，有效運用 AI、機器人，可以避免當地匱乏且成本高昂的人力問題；善用數位孿生、自動化等技術，方便台灣的研發遠端控制，讓美國廠能以最快速度、最低成本落地。這會是決定各家業者競爭力的關鍵。

最後，若台灣本地的工廠升級成智慧製造，同樣能降低五缺中的缺工問題，讓產業結構更符合未來高齡化、少子化的趨勢。

以我們的護國神山台積電為例，他們已經將自己定義為「軟體驅動」的公司，正積極朝智慧製造、AI 轉型升級。

在台積電和半導體產業中，FAB（Fabrication Plant）意指「晶圓製造廠」。現在台積電對內的口號，是「FAB Runs on Code」（軟體定義半導體生產製造），強調以後不管到哪裡拓點、建廠都是彈性製造，所有數據都收回到雲端裡管理、調教，因此任何據點的人力可以減到最少。

如今，台積電在台灣研發，做出每一代製程，亦導入數位孿生技術，展開數位管理，讓工程師能遠距操作。疫情期間，台積電便透過遠距管理，維持南京廠的營運，在順暢生產之餘，還提升了良率。

對台積電來說，有了AI，未來在台灣建好一座工廠後，可以在美國、日本依樣畫葫蘆複製另一座工廠，台灣的工程師只要遠距操作便能完成工作，長期而言，世界各國的據點不需要聘僱太多人力，能夠降本增效。至於外界最擔心赴美生產會大量增加的成本，根據TechInsights顧問公司分析，台積電美國大量生產後，成本增幅有可能僅約一成，而且多為設備支出，其他部分的成本則可以藉由優化流程來控制。

傳統產業一樣能善用智慧製造

智慧製造並非半導體、高科技業的專利，傳統產業同樣能從中增加競爭力。

近期，受到通貨膨脹、消費者需求減少、中國產能過剩導致的產品外溢，以及日本、韓國對美關稅拍板15％，而台灣可能為20％的因素影響，傳產普遍面臨嚴峻挑戰，營收與

獲利表現不佳。為了尋求生機，傳產可以進行 AI 轉型、升級智慧製造。

台塑、中鋼、李長榮化工、長春集團等傳產龍頭，已經開始陸續將 AI 導入生產、研發流程裡。像是中鋼推動逾三百多個 AI 專案，涵蓋自動化設備、生產和維修流程、品質管理等層面，並打造國內首座 AI 高爐，提升設備透明度、預測與掌控能力，以降低生產能源與原料耗損。長春集團甚至攜手和碩聯合科技、長庚醫院、欣興電子等企業，打造繁體中文大型語言模型，並研發人型機器人。

我建議，美中關稅戰塵埃落定後，企業一旦選定「台灣＋N」的地點，新建廠房時必須讓自動化、智慧製造一次到位，否則日後要再做調整的成本更高。例如，自動化設備需要特定的空間、動線和高度，確保機器人、機械手臂等設備能順暢運行。同時，自動化設備對電壓、線路等設備都有特殊要求，新廠能安裝符合標準的電力系統，舊廠則可能需要大規模電路改造，成本高且風險大。這其實就像興建旅館，整修舊有旅館要增加各項硬體設備、更改格局、搬遷舊物，成本自然高，但新建一幢旅館可以在設計之初，就確保所有現代化設施、智慧化設備都一步到位，將效益最大化並降低未來的調整成本。

考量智慧製造需要龐大資金、大量的軟體工程師等外在客觀條件，目前台灣很難靠自己實現智慧製造。但是，我們

掌握了需求。

　　我們要思考的是，當台商赴美大遷徙已成定局，台灣政府、產業應該將推動智慧製造視為整體、由內需驅動的重大戰略計畫。不要只讓個別企業單打獨鬥去升級，而是提升到國家層級，透過政策引導、資源整合，鼓勵台灣所有相關產業共同投入，形成一個巨大的需求市場，從而將智慧製造的餅做大。

　　當一個市場出現大量需求，自然可以吸引各方好手。台灣若發揮整合能力與國際合作、持續升級，將有機會從過去的硬體製造財，轉向利潤更高的智慧製造軟體服務新市場。

　　另外，如果能做到共同採購，台灣是有議價能力的。尤其在我們的採購團中，還包括了台積電、鴻海這些具全球知名度的跨國企業。

　　當然，這條路可能不適用於缺乏資金實力、資訊基礎的中小企業，特別對低階製造業難度很高。但是，有護國神山群在前領路，先將平台建好，其他業者只要跟進使用就可以了。

　　眼下企業最重要的，是先保本度亂世，但大家也應該開始想想，當事態發展進入下一個階段時，有沒有能力領先起跑。混亂中尋找機會，我相信，新的贏家即將出現。

第 12 章

從雲到端、由硬到軟，讓台灣黑熊變獨角獸

2024 年 8 月，Google 前董事長施密特在美國史丹佛大學演講時，屢次提及台灣，尤其是台積電和台灣的軟體。他說：「Amazing hardware, software is terrible.」（硬體很棒，但軟體很差。）

我在這位老長官拜訪台北時也曾聊過此議題，這是台灣產業長期以來的挑戰，與台灣硬體產業以代工為主的特性有關。要是硬體能成功建立品牌，如同宏達電（HTC）、華碩、宏碁過去達到的成就，企業勢必會投入大量資源去開發、整合專屬軟體，自然帶動軟體實力的提升。然而，台灣產業以代工居多，具世界影響力的硬體品牌更是屈指可數，導致軟體通常由軟體商自行開發，使得台灣軟體在產業發展中很容易被忽視。

儘管 2010 年後，Appier、91APP、Gogolook 等軟體業者紛紛冒出頭，並且陸續上市、取得佳績，成為倍受矚目

的「台灣黑熊」，但目前台灣在世界舞台上最出名的軟體企業，仍是 1988 年成立的趨勢科技。

只著重硬體導致什麼問題？

硬體產業最痛苦之處，在於大量生產後，終究會走向低毛利。

台灣硬體的競爭優勢無庸置疑，我們有相當成熟的硬體供應鏈，也能以具競爭力的成本解決客戶問題，過去幾個新科技崛起的循環裡，我們的硬體都因此受惠。但是，只要進入到創新與應用的高峰期，成長的速度就會放緩。台灣資通訊產業能屹立不搖，部分原因是適時搭上科技趨勢的順風車，電腦走下坡後，又冒出智慧型手機，手機銷量下跌，再跑出 AI 伺服器，才能在 AI 時代的第一階段搶得先機、賺到錢。可是，硬體的需求終究會減緩，我們不能只當很會挖礦的鏟子，只賣 GPU、AI 伺服器，而應該去做應用、去挖礦，創造硬體以外的附加價值。

可惜地，目前一談到純軟體，我們就矮人一截。例如，我們沒有成功服務全球的應用程式、沒有大數據，因此無法發展雲端 AI，尤其現在市場已經有 Google、Microsoft 這種純軟體服務商。軟體是贏者全拿的世界，誰掌握更多消費者，誰便勝出，台灣很少有規模化、國際化的軟體平台，這

不是我們該搶占的市場。

我們的機會在「軟硬整合」，讓台灣的軟體服務能更好地搭載在硬體產品上，共同向外拓展市場。而且，必須是硬體整合軟體，因為硬體廠通常規模龐大，具備全球化的運營能力。他們更了解 Nvidia、Apple、Google 等科技巨頭的需求，能掌握軟體發展的脈絡與應用方向。

其實，全球最具指標性的 GPS（全球定位系統）[1] 企業、台灣企業家高民環共同創辦的 Garmin，便是結合硬體、軟體和服務，做出最佳軟硬整合的例證。

當年，Google 地圖和智慧型手機問世後，立刻衝擊以車用 GPS 裝置為主力業務的 Garmin。Google 地圖的免費服務才上線兩天，下載量就比 Garmin 一年賣出的 GPS 還多，這讓 Garmin 的市值一度大跌 87%，車用導航產品營收從占比七成，跌至不到二成。後來，Garmin 重整步伐，發揮核心技術優勢，將 GPS 功能整合進運動、專業手錶，避開與智慧型手機大廠正面衝突，專攻定位精準、耐用、續航力強的垂直市場和高階戶外運動、專業應用領域，雖然無法在智慧手錶這個紅海戰場撼動 Apple Watch 的地位，卻因為避開「手機品牌思維」的同質化產品，深耕專業運動、健康管理與高

---

[1] 是一種利用人造衛星提供精確定位、導航和時間資訊的衛星導航系統，由美國國防部研發，最初為軍事目的開發，後來開放給全世界的人使用，讓任何人都能透過接收器取得這些資訊。

階功能型手錶,銷售量長年位居市場前五。

邊緣 AI 撬開的新商機

錯過電腦、智慧型手機的浪潮後,現在機會再度降臨,邊緣 AI 又讓我們看到從雲到端、由硬到軟的希望。

什麼是邊緣 AI?是將 AI 導入電腦、智慧型手機、GPS、智慧手錶、腳踏車等終端裝置上,而不是依賴遠端的雲端伺服器,從而提升產品附加價值。例如,將具備推理能力的生成式 AI 導入安控監視器,當你遺忘鑰匙放在哪時,它只要瀏覽你今天走過的軌跡,知道你有開門進屋,代表鑰匙一定在家裡,便能運用推理幫助你找到鑰匙。

對雲端業者來說,邊緣 AI 能分擔成本,假設今天有 40 億支手機都在使用 Google,但它們都裝載邊緣 AI 的晶片,Google 就能省掉 40 億支手機的運算成本。

邊緣 AI 還能滿足日漸重要的資安需求。手機中的 AI 助理可以只存在於手機中,個資不用送回雲端運算,用戶甚至能要求 AI 助理刪除特定資料。尤其美中對抗未歇,更需要注重資安,加上去紅供應鏈的情勢,都有利於台灣投入。

事實上,類似邊緣 AI 的機會,在電腦時代已經為我們演繹過一次了。

回憶一下,1985 至 1990 年代,我們最初使用電腦是不

是不用花錢買軟體？全都用被稱為「大補帖」的盜版軟體。追根究柢，最終消費者會購買硬體產品，往往是看中捆綁、內建的軟體服務，軟體是附加在硬體裡頭活下來的。現在就像當初一樣，消費者很少人直接付錢給 AI，日後的 AI 服務會加在哪裡？加在 iPhone 這類熱銷產品裡頭，最後才會活下來。

　　一旦 AI 走到終端裝置階段，我們的機會就來了。因為，台灣是全世界工業電腦的大國，能將很多應用軟體加在我們生產的各種硬體上。工業電腦、機械手臂等硬體本來多數沒有腦袋，只要加上 AI 應用，有辨識、生成能力，它就有腦袋了，許多隱形冠軍都需要這種輔助技術。台灣產業可以善加利用開源資源，為硬體裝上腦袋，這會是我們的天下。

　　只要跟著終端裝置出海、打市場，像是捷安特（Giant）的自行車賣到全世界，讓每個消費者使用的裝置裡裝有我們的純軟體 AI 服務，不僅能提升產品的附加價值，也能提高銷售價格。

　　那麼，我們可以用什麼樣的模式，加強從雲到端、由硬到軟的整合？

老創、新創的超級整合

目前，台灣的問題是做軟體的人大多沒有能力、動機去了解硬體。投入軟體創業只需要會寫程式即可，但要創業家改去製造智慧路燈，除非他家學淵源，家族本來就是從事相關行業，否則沒有辦法切入。

一方面，我們可以鼓勵學生就學時嘗試更多課外內容，實務上也要打造平台、舉辦更多交流活動，促成「老創＋新創」的組合。

再者，老創──數十年前起家的傳統產業，在台灣甚至國際上都占有一定的江湖地位，現今正面臨AI時代的轉型問題；新創則是擁有網路、AI能力的團隊，但缺乏算力、數據和商業情境。

有趣的是，台灣老創（一代）、新創（二代）的差異，正好是由網路的興起來劃分，形成獨特的「網路代溝」。不同於美國早在1970年代便開始發展網路，2000年前後，全球化浪潮席捲台灣，父執輩開始將重心轉向中國，主力發展製造業，經營上採取壓低成本以實現規模化的模式；管理思維則傾向集權、層級分別。與此同時，當時約20歲的年輕世代，因為看見充滿機會的網路而投入其中，雖然歷經挑戰，許多人看似被網路泡沫「淹沒」，實則累積了寶貴經驗與潛力。

這些差異讓老創和新創之間，無形中產生了「網路」與

「非網路」世代的思維衝突。前輩較不重視品牌、高毛利產品，後輩則忽略了前輩的規模化管理能力與全球營運經驗。台灣的一代做製造業，二代投入網路內容產業，剛好讓兩代創業家位處微笑曲線的兩端，遙遙相望。

但是，進入 AI 時代，當網路內容、製造業都需要用到 AI 時，老創和新創就有機會產生交集、激出火花了。因為，AI 和百工百業都有關，而且愈強大的產業愈需要用 AI，硬體產業不用 AI、不用智慧製造，如何邁向永續？軟體產業沒有規模化也活不下去。半導體是這個時代最龐大的產業，客戶近在眼前，軟體業不去接近他們嗎？

我從 Google 退休後，花了五年在新創走了一圈，現在又在老創徘徊，擔任統一企業、達發科技、華碩電腦的獨立董事，以及中華電信的法人董事。我的期待，是拉近老創、新創和政府的連結，將微笑曲線的兩端拉在一起，做到超級整合（Super Integration）。

我相信在 AI 時代，台灣循著老創帶新創的路徑，從雲到端、由硬到軟，很有機會。例如，現在的聯發科不只是一家晶片公司，也是一家 AI 公司，成為台灣 AI 的燈塔。中國 AI 發展得如火如荼，聯發科正是中國 AI 晶片的重要供應商，因此他們擁有全台最多的 AI 知識和經驗，看得到應用在哪，能借力 AI 做晶片設計。儘管，聯發科不缺資金，近來還是有許多創投、科技大老紛紛投資聯發科創投，期盼與

之合作，就是因為他們看得見應用在何處。

研華的工業電腦則是另一個好例子。如今，研華的工業電腦不再只是「有手有腳」的工具，反而跳脫傳統製造的框架，將 AI 模型透過開源軟體整合進系統，將路燈變成「有腦袋」的智慧設備。一根路燈裝上 AI 可以變聰明，但路燈還是要面對風吹雨淋，而研華的工業電腦能提供耐用且穩定的解決方案，確保 AI 在戶外環境運作得宜，這正是台灣的優勢所在。

聯發科、研華是老創，能提供硬體應用場景和國際經驗，新創則能帶來 AI 視野和知識。對於新創，我們可以從電子以外的領域挖人才來創業。事實上，過去談到創業，最常想到的就是資工系的學生，因為這群人擁有網路創業年代最需要的軟體能力，但這個領域的人才投入新創無助於擴大人才庫，我們應該鼓勵機械工程師去做機器人、加入智慧製造的研發，再把醫生這類知識工作者拉入諸如智慧醫療的領域。

現在台大醫學系據說有 10％的畢業生，不再把畢業後當醫生視為唯一志願，反而樂意去嘗試各種跨領域的新鮮事，而台灣有逾半新創是以智慧醫療為題，Appier 也有幾位醫學院背景的 AI 科學家。2015 年脫下醫師袍、創辦雲象科技的葉肇元，創業多年來，持續投入骨髓抹片 AI 判讀系統，如今雲象科技不僅登錄興櫃，還獲得廣達董事長林百里的投

資,這不正是老創與新創的結合?

智慧醫療和電子業要產生綜效,需要倚賴醫療儀器、設備的整合與創新應用,從雲象科技可以看到,初入產業的醫師不需要單打獨鬥,現在廣達、華碩、宏碁等老創都大力投資智慧醫療領域,新創能從此汲取資源。當新創有了舞台、老創有了解方,不只能提升產品價值、帶動企業轉型和產業創新,還有機會讓台灣黑熊一舉變身獨角獸。

很難想像,新冠肺炎疫情前,台灣上市公司的總市值在 20 兆台幣左右徘徊;疫情增加資通訊的需求,加上受到地緣政治影響,台商紛紛回流,讓總市值暴增至 60 兆台幣。隨著生成式 AI 浪潮來襲,又帶動台股市值增加至 80 兆台幣,台灣股市已經是世界第十大股市,超越南韓,與德國互有領先。台積電、聯發科、鴻海更列入世界前五百大市值公司。

機會已經來臨,只要老創、新創敞開心胸,從雲到端、由硬到軟,攜手共舞,將能重新定義台灣在全球科技版圖上的地位。

第 13 章

小心國家級數位落差，軟體強才有主權 AI

在網路時代，受到基礎設施差異、經濟能力、資源分配、數位素養、學習機會，以及語言與文化障礙等因素影響，全球產生數位落差的現象。我們會擔心偏鄉兒童沒能力上網，資訊取得不平等；擔憂電子商務、電子支付興盛，台灣產業沒跟上國際競爭。而在 AI 時代，儘管台灣有強大的半導體供應鏈，讓我們仍然保有重要的硬體優勢，但在應用面，台灣要注意的是「國家級的 AI 落差」。

數位落差會產生什麼問題？

首先，大家都知道，大國和小國之間，在「算力」取得上就有基本的差異，但訓練大型語言模型不只需要資金、算力，更需要數據能力。目前全球的中文數據資料約莫只占 1.5％，英文則逾 50％，英文的數據量遠遠高過中文。如果

ChatGPT 的訓練資料量相當於一億本書,那它可能只讀了二百萬本中文書,其中繁體中文搞不好只有一、二萬本,使得 AI 面對繁體中文跟英文的回答能力有所差異。

儘管,AI 能夠處理並生成多種語言內容,而且能力還在持續精進,但它在內部理解和生成邏輯上,對這些不同語言並未進行「本土化」或「文化適應」的特殊處理。即使你用中文提問、得到中文答案,但是語言模型是將所有字詞轉換成內部 token,答案的形成,來自受到訓練資料最多的英語內容 token,導致文化跟國家的差異逐漸消失,多元性愈來愈不足。

例如,你用中文詢問 ChatGPT,早餐該吃什麼好?它的運作就像是將英文內容翻譯成中文,回答你咖啡、漢堡和薯條。這會讓日後 AI 原住民世代吃早餐時,連自己可能少掉了燒餅、油條、飯糰這樣的中式組合都不知道。

如果繼續發展下去,政府會在國家政策、法律法規、歷史文化等領域缺乏解釋權和引導權,部分國家的公權力會模糊不清,政府與國家的影響力會變得極小,這就回到我強調的「1:99 的挑戰」。

另外,如同買智慧型手機時,有錢的人買 iPhone,想實惠些的買 Android 般,生成式 AI 是一種智慧系統,大家都想用智商 180 的系統,大概不會有人選擇智商 80 的系統,萬一開發智商 180 系統的國家基於政治、經濟或安全考量,拒

絕向其他國家提供最先進的 AI 呢？此舉無疑會成為國安問題，導致國家之間的 AI 落差愈來愈大。

對此，各國紛紛緊張起來。中國擔憂 ChatGPT 給的答案與政府觀點不同，恐怕喪失國家主導性，並讓中文解釋權被英語系國家占據，因此自生成式 AI 問世至今，便積極發展自己的 ChatGPT，通義千問、文心一言、DeepSeek 等語言模型百花齊放。2025 年 2 月，法國、歐盟又相繼發表金額破千億美元的大型 AI 投資計畫，南韓則宣布要採購一萬個高階 GPU，用以強化國家 AI 實力。

台灣也注意到這個問題，各界花了一段時間討論是否要建置自己的主權 AI、打造台版 ChatGPT。後來，國科會、台灣大學資工系和資管系、和碩聯合科技、欣興電子、長庚醫院和長春集團等政府組織、學術單位及企業，便以 Meta 推出的開源大型語言模型 Llama 為基礎，發展出 TAIDE、TAME 等專為台灣本地語言、知識、法規、文化需求打造的主權 AI 模型。

主權 AI 需要哪些元素？

談到主權 AI，多數國家首先想到的就是算力。因為買不到 GPU，感覺就無法開始發展 AI，但這個迷思是誤將「發展主權 AI」和「興建算力中心」畫上等號。

事實上，在算力之外，主權 AI 還需要數據、資金、人才和軟體平台等關鍵要素。

以「數據」來說，台灣是小國，資料量遠遠比不上大國，但要解決 AI 在繁體中文能力的不足，第一，要有資料做測試，才能準確診斷出 AI 在繁體中文的問題。

2023 年底，Google 工程師程世嘉創辦的 AI 公司「iKala」開源 AI 繁體中文測試資料，來源是各類台灣國家考試題庫。GPT-4 在這份「繁體中文考卷」中獲得 60 幾分，多數開源模型甚至只有 20 幾分，這個分數以四選一的選擇題來說，幾乎就跟亂猜無異。

相較之下，如果是英文測試，各家 AI 通常能拿到 90 幾分的成績，甚至能通過包含申論題的醫師、律師考試。二者間的巨大落差，明確點出核心 AI 世界極度缺乏繁體中文訓練與測試資料的問題（幸好有網友用 GPT 的新模型，做答 2025 年大學分科測驗考卷，發現 GPT 已經可以考上台大醫學系。只是，台大醫科不採納社會科，僅要求考生必須在學科能力測驗國文科拿到頂標，所以不知道 GPT 在指考的國文、社會表現如何就是了）。

所以，開源測試資料很重要，它就像一面鏡子，能讓我們檢驗繁體中文 AI 的真實能力，從而知道問題出在哪裡、該如何改進。iKala 當初開源測試資料後，不到幾天下載量便迅速破萬次，說明社群對繁體中文資料的期待。

第二,要盡量開放大量、合法且高品質的訓練資料,以提升 AI 的繁體中文能力。

雖然簡體中文品質未必整齊,也可能沒有授權,但約有五千萬本書的資料量很容易在網路上取得。而台灣的著作權法嚴謹,繁體中文的資料在網路上不易找到。

因此,這需要政府帶頭授權出版品,並鼓勵民間團體開放資料給機器訓練使用,讓台灣和全世界社群取得足量的繁體中文訓練資料,進而讓學生、工程師、科學家樂意投入發展繁體中文 AI。

資料可取得性愈高,愈有助於提高繁體中文 AI 在 ChatGPT、Google 等大公司的發展優先性。大廠容易取得,繁體中文的效能會好一些。以搜尋引擎為例,當初我在 Google 台灣的策略是,雖然我們沒辦法打造自己的搜尋引擎,可是可以想辦法影響國際的搜尋引擎,讓它做得更好。現今我們用的 Google 搜尋引擎,就是高度本地化的結果,因為它的效能與內容排名,都與在地語言、用戶行為息息相關。

近來,日本便積極讓「以 AI 訓練為目的」的使用,可以不受影像著作權保護限制,用意是期望日本的卡通、漫畫在未來的影像世界仍然保有影響力。

我特別要提醒,社會對本土研發團隊要寬容以待,繁體中文資料真的太少,訓練模型格外艱難,如果無法耐心包

容，繁體中文的 AI 科技很難進步。

第三，在「軟體平台」方面，任何一個國家即便掌握算力、找出數據，如果沒有平台，也很難規模化發展。

2015 年，工研院技轉給「源思科技」的本土通訊軟體「揪科」（Juiker）問世，代表台灣開發通訊軟體的技術實力又更進一步。然而，由於揪科的使用者不夠多，軟體沒有持續進步，最終難以為繼。發展主權 AI 亦是同樣道理，硬體只有在搭載各式規模夠大、夠強的軟體平台並高效運作時，才能真正發揮價值，否則硬體最終只會成為蚊子館，而且還會是好大好大的蚊子館。

我建議，政府可以扮演打造軟體平台的角色。為了避免揪科的困境再度重演，在發展主權 AI 時，我們不能只發展出自己的語言模型，還要從產業需求同步思考，關注那些台灣人不去挖也沒人挖的「礦」，包括法律、教育、醫療領域的應用。

法律象徵一國的主權，想知道自己有沒有違法，你不應該問以美國法律為基礎訓練出來的 ChatGPT。教育則是保有一國文化的重要基石，各個國家的教育體制不盡相同，教學內容涉及在地文化與觀點，如果教育制度和課綱不是由自己設計、主導，讓學生用不符合文化情境的模型進行引導式學習，對於學習成效、文化傳承都會帶來負面影響與傷害。

相對法律、教育，醫療領域未必需要高度本地化，因為

疾病可以借重國外藥物、療程，只不過世界各地都有各自盛行的疾病，例如早期肝癌是台灣的國民病，近年來，肺癌的比例反而節節攀升，成為十大癌症之首。美國的情形不一定相同，所以如果能發展出自己的醫療 AI，將會是台灣人的一大福音。

另外，台灣的零售、金融及電信產業掌握了大量使用者數據，又具備營業規模、人才和資金，他們最有動機、也有能力使用主權 AI 模型，是讓主權 AI 可以被有效使用和不斷進化的使用者。而讓這些累積一定數據、軟體能力的企業出海，進一步擴大規模，也是能期待和努力的方向。

令人高興的是，近來，政府開始動起來，著手規畫 AI 新十大建設。其中一個企圖，便是瞄準「軟體登峰」，打造國際軟體平台，與機器人、光通訊、量子電腦等目標同樣重要。半世紀以前，政府大膽投入半導體，就有一群懷抱使命的造山者，成立了工研院，加上台積電創辦人張忠謀的傑出領導，才成就今日的護國神山。如今，身處 AI 時代，台灣已經有非常多國際級科技企業，正在透過官民協力、老創攜手新創的方式，只為孕育出新一代護國群山。

最後，在「人才」方面，DeepSeek 已經提醒全世界，並非有算力就能贏，從軟實力下功夫、以高品質數據訓練模型、優化演算法，才能有效突破硬體面的不足。因此，將資金投資在能夠逐年累績、加值的人才上，讓更多人有訓練 AI

模型的機會，累積更多的實戰經驗和實力，是獲取更高投資報酬率的方法之一。

至於各國一開始最重視的「算力」，其實主權 AI 不同於興建鐵、公路等國家公共建設，不必要在前期投入龐大資本支出，反而可以發揮軟體的特性與優勢。國際幾大科技巨頭正拚命在全球蓋資料中心，過去一段時間，也能看到鴻海、正崴等許多民間企業陸續投資興建。

在此情形下，政府應該思考的是，自己是否還需要興建一座大型算力中心？當然，具機密性、涉及敏感資訊的應用，政府仍然要用自己的，但除此之外，似乎沒有非自己蓋不可的理由。

光投資興建一座算力中心的前置作業，就要先花上一、二年時間，不只耗時，AI 所需的 GPU 等算力硬體正持續迭代，生命週期在這段時間等於被虛耗。反之，如果用同樣一筆預算，從資本支出改為經常性費用支出，採以租代建的做法，有多少需求，再投入多少資源，便能免去可能產生的浪費，也能避免投資 100 億，最後卻只產生 20 億價值的情形。

發展主權 AI 的新選項

2025 年 5 月，OpenAI 繼與軟銀、Oracle、先進技術

投資公司 MGX 一同投入史上最大 AI 基礎建設投資計畫「星際之門」後,再宣布「全球版星際之門」(OpenAI for Countries)計畫,第一階段先與十個國家與地區展開合作,協助各國推動「民主 AI」,打造 AI 基礎建設。

台灣該加入嗎?我建議可以停、看、聽,先等一下。

首先,OpenAI 願意針對各國的在地需求,提供客製化服務,代表主權 AI 已經被視為有利可圖的市場,接下來勢必會有更多供應商加入。很快地,Google、Microsoft 等幾家 AI 業者都可能跟進推出類似服務。一旦有更多玩家競爭,之後提供的條件、價格都會更好、更划算,因此台灣不需要急著做決定。

其次,在世界各國中,以台灣的量體和需求,加上目前只有 OpenAI 一家供應商,如果急著去談,在資源排擠的效應下,可能要碰到先行者會遭遇的混亂,以及相對高的投資成本,未必能獲得最好的待遇。

再者,台灣民間已經有企業開始建置 AI 資料中心,政府的主權 AI 資源必須謹慎規畫。例如,政府能否只聚焦教育、科學研究等民間幫不上忙的領域,再以獎勵、補貼的方式,鼓勵民間企業與人才一同投入、發揮,或許能把餅做得更大。要是一口氣將所有主權 AI 的相關需求都外包給 OpenAI,未來台灣將面臨高度依賴外包、缺乏國家自主權,導致 AI 發展受限,難以靈活應對變局。

另外，即便我們決定採用 OpenAI 的全球版星際之門做為發展主權 AI 的加速器，事情也並非外包出去就結束了。我們還要思考，台灣有了主權 AI，可以加速服務嗎？又或者，主權 AI 建置完成後，服務立刻就可以上線嗎？如果答案為否，不論是自建模型、請科技巨頭幫忙，恐怕只是白花錢。

如今，AI 早就被視為國防武器。對台灣來說，打造一個世界級系統可能不太實際，但不論是要打造自己的主權 AI、還是運用大型開源 AI 框架自建主權 AI，又或是採用外包方案，最重要的是，我們應該先將主權 AI 發展策略規畫得清清楚楚。

第 14 章

應對高齡化、少子化衝擊，發展機器人

自 2015 年起，台灣新生兒人數呈斷崖式下降，當年出生人口數為 213,598 人，到了 2024 年，新生兒僅剩 134,856 人，不僅創下內政部統計以來的新低，十年間減幅更高達 37％。2020 年起，台灣的死亡人數正式大於出生人口數，又進入「生不如死」的狀態。

城市型國家走向少子化是必然趨勢。台灣高度城市化後，重視「多子多孫」的農村消失，城市家庭生得少、甚至不生，人口自然會減少。我們必須正視嚴峻現實，並試圖找出解方。

慶幸的是，在超高齡化、少子化人口紅利消失的時代，台灣還有 AI。要想維持台灣的經濟運作和人民生活水準，我們應該以「永續」和「維持社會均衡」的角度看待 AI，發展相關產業，除了減緩人口結構變遷帶來的衝擊，還能以更少的人創造出更大價值，撐起整座島嶼的發展。

如何發展永續 AI？

首先，鼓勵「小規模的新創」，近來蔚為風潮。有愈來愈多人投入「一人 AI 創業」（One-Person-Startup-Unicorn），從工程、產品、經營到管理，都有許多 AI 工具可以協助。資源不多的創業家，可以對標擁有十位、二十位員工等市場規模大一點的企業做為競爭對手，致力用 AI 來提升效率、降低成本，努力超越這些公司，不僅符合高齡化、少子化下的缺工趨勢，也能刺激百工百業用 AI。（參考第 17 章）

再看台灣製造業的永續，在現有的產業裡，我們不時耳聞缺工、人難找的新聞，人根本就不夠用。

製造需要大量的人口、土地、能源，但長期來看，台灣做為一個缺水、缺電、缺地、缺工、缺人才的「五缺」之島，其實完全不適合做製造業，偏偏我們又是製造業強國，不可能停擺這麼重要的產業。因此，我們要關注的，是製造業該如何永續？

先前，我用「海外生產、在台研發」的智慧製造角度，提過運用 AI、數位孿生技術，快速到全世界去生產製造，實現高度自動化、降低人力需求，讓許多現有產業得以存續。（參考第 11 章）

再來，我們也得思考在高齡化、少子化時代下，台灣要永續發展的需求。我認為，在醫療照護、防災減災領域結合

AI 技術會是關鍵領域,台灣可以鎖定機器人、無人機產業發展。

例如,當生成式 AI 讓機器人的溝通能力變強,我們就有機會把它引入長照、服務產業;台灣多山、偏鄉地區多,裡頭有許多不良於行的長者,一旦遭遇地震、颱風等災害,救援隊伍難以即時抵達,通訊也常中斷,但如果每支消防隊都配置一架專屬的無人機,在地震的三、五秒之前,直接飛上天空,就能建立臨時行動網路,讓災區不會沒有訊號,甚至還可以即時建立災難地圖,在減災、防災層面幫上大忙。

AI 機器人的發展趨勢

現今最熱門的話題,非「機器人」莫屬。Tesla 投入 Optimus、Nvidia 有 Blue,中國「宇樹科技」的機器人,則因為登上 2025 年中國央視的春晚舞台,大跳扭秧歌、旋轉、丟手絹而成為眾所矚目的焦點。

儘管,自動化機械手臂、無人搬運車(Automated Guided Vehicle, AGV)等專為完成單一任務而設計的工業型機器人早已行之有年,但生成式 AI 問世後,一方面大幅提升機器人的感知能力,尤其是視覺辨識能力;另一方面,語言模型的發展也精進了機器人的「語言」能力,只要將大型語言模型裝進機器人裡,它的語言能力便可以跟現在的 AI

工具一樣好，一旦把 AI 放進有手有腳的硬體裡，AI 等於有了真正的行動力與互動性。

在此情形下，人們最期待機器人應用的領域之一便是長照。長照產業長期缺工，服務型機器人會是未來的剛需。

但是，相較於工廠裡的搬運機器人可以走固定動線、只完成某些工作，在家庭、醫院、照護機構用的機器人，因為是服務人，必須具備一定的判斷力、細膩度和安全性，因此在技術上，我認為現在服務型機器人還無法化身「全能照護者」，早期仍然會像工廠裡的機器人一般，以配備翻身、攙扶等幾樣特定功能的機器人為主。

此外，能與人類協作的「協作型機器人」（Collaborative Robot），同樣受到關注。以前自動化機械手臂只能獨立作業，如今已經能模仿人類動作，透過簡單語言學習新任務，這是 AI 與機器人結合關鍵的一步。廣達旗下的達明機器人，便是這個領域的代表。

雖然，軟體是機器人發展的關鍵，但服務型、協作型機器人的手腳等硬體，包括手指頭、肘關節、膝蓋關節感測器的靈敏度與穩定性也必須夠好才行，否則軟體再強也沒用。

從產業角度看，擅長硬體製造的台灣，過去只專注於生產機械手臂這類單一功能的硬體，現在美中分流，美系甚至歐洲企業基於國安考量，讓我們有更多機會整合硬體、基礎軟體、感測器和 AI 模型，將機器人平台做得更好。我預估，

台灣在初期的三到五年會有優勢,但未來幾年將如同智慧型手機般,產業價值會逐漸從硬體製造轉移到軟體開發,例如 AI 模型、作業系統、應用程式等。現今各企業正積極砸錢投資機器人,原因是雲端 AI 的世界已經被幾間擁有大型語言模型的科技巨頭把持,但機器人領域仍未出現贏家,台灣已經錯失智慧型手機的機會,這次要積極把握,希望不只做零組件代工,最終也能培養出品牌領頭羊。

組建無人機團隊

我們還要培養無人機應用團隊,才能在有需要時照顧到台灣人民。

2024 年花蓮「0403 大地震」中,土耳其的無人機空拍團隊來台加入搜救。他們利用重疊影像技術建立 3D 模型,呈現災區地形地貌。其實這件事,我們也有機會做到。

無人機發展之初,台灣就低估它的影響力,原因是台灣地狹人稠,不比美國、阿根廷等地廣人稀的國家,有寬闊的實驗場域,能將無人機盡情應用在生活、農業等領域,例如嘗試以無人機送餐、噴灑農藥。但是,無人機本質上可被視為一種小型機器人,或是一台「會飛的電腦」,彼此之間的生產製造、電子電機相關技術都差不多,而且台灣正是擁有完整硬體供應鏈的國家。由於,無人機在某些特定應用領域

的平台發展已經相當成熟，因此一開始我們可能仍然需仰賴他人的飛控軟體。但是，在過程中，我們也應該積極學習，逐步建立專屬台灣的完整產業鏈和應用生態。

台灣在機器人、無人機產業的發展上有其優勢。雖然，我們的規模相較中國、日本小了不少，但美中走向分流，美國需要「美國隊」，連德國最近也開始「去中化」，主動採購台灣無人機，2025年上半年，台灣無人機外銷總額達1,189萬美元（約台幣3.56億元），年增率為749％，創下歷史新高。美國國防新創「Anduril」創辦人帕梅爾‧拉奇（Palmer Luckey）前陣子甚至親自來台演講、與中科院簽署備忘錄（MOU），預計在AI決策指揮平台、無人機等領域展開合作，這都給了台灣機會，所以我看好機器人、無人機的整合製造（Electronic Manufacturing Service, EMS）會在台灣落地。而機器人、無人機產業的興旺，不論對醫療照護、製造業的內需，或是相關技術與產品的外銷，都大有助益，等於一舉數得。

要注意的是，發展機器人、無人機不能從商業的角度思考，有一部分其實是社會永續，需要政府投資或引導，替台灣的活命做打算。前面提過，AI問世後，有許多「做鏟子」和「挖礦」的討論。台灣很會做AI鏟子，生產很多GPU、伺服器，但我們對AI應用這座礦要怎麼挖，並不擅長。

如果從經濟產值的角度來看，我們確實可以辯論，到

底做鏟子好,還是挖礦好。但是,最近我體會到,台灣真正需要的礦,不是去改變產業結構,而是追求永續,因為不挖礦,你就不能永續。

現在,我們可以用 AI,將高齡化、少子化的危機當成「礦」,藉此擴大本土市場,創造一個良好的環境,讓社會均衡且永續地發展下去。

小結

把握黃金十年,突破數位孤島

　　台灣的超高齡化、少子化趨勢已成事實。2024 年,台灣的出生人口數,創下內政部統計以來的新低;2025 年至今,更有連續幾個月出生人口未破萬,預計會再較前一年低。以 2024 年約十三萬名新生兒為例,他們長大後,台灣一年的出生人口說不定更僅剩五萬人,普遍缺工、產業外移、無人消費等,是可預期的景象(圖表 6)。

AI 是台灣的救星

　　這聽來似乎有點悲觀,但我卻認為,因為台灣有 AI,再加上美中對抗情勢不歇、美國需要台灣強化「美系供應鏈」等外在環境變因,史上的最大機會即將來臨。未來十年內,台灣將成為全球最具競爭力的經濟體之一。

　　2017 年,《哈佛商業評論》針對三十三個國家進行調查,結果指出,進入超高齡社會的前十年,大多是該國歷史

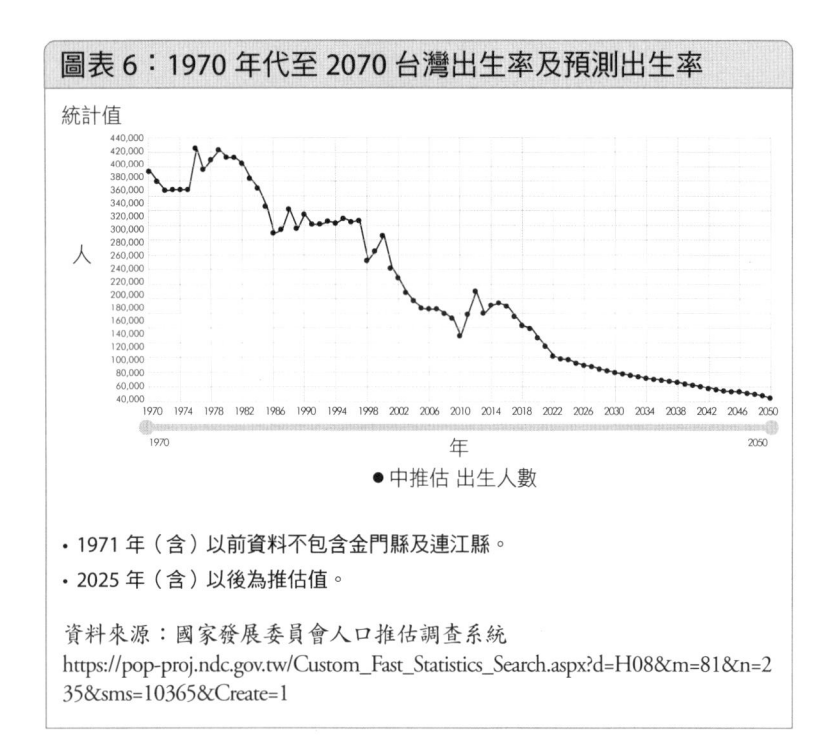

圖表 6：1970 年代至 2070 台灣出生率及預測出生率

統計值

● 中推估 出生人數

- 1971 年（含）以前資料不包含金門縣及連江縣。
- 2025 年（含）以後為推估值。

資料來源：國家發展委員會人口推估調查系統
https://pop-proj.ndc.gov.tw/Custom_Fast_Statistics_Search.aspx?d=H08&m=81&n=235&sms=10365&Create=1

上的黃金十年，原因在於資深的一代尚未退出職場，可以與年輕一代產生碰撞、共創契機。日本是發生在 1980 到 1990 年代，德國約莫也是同一時間。

　　當時，德國開創了綠能產業，日本則迸發健康照護產業，儘管日本之後因為不敵周邊的中國、韓國等強大競爭對手，加上彼時沒有 AI 科技，陷入失落三十年。但是，台灣剛好有

AI，我們可以抓住這個黃金十年，創造屬於自己的 AI 產業。

大家要認知到，AI 對台灣的重要性，不只限於半導體產業，更重要的，是能解決少子化帶來的衝擊。

打個比方，十多年前 Nokia（諾基亞）之於芬蘭，就和現在的台積電之於台灣一般，形同護國神山。整個芬蘭的股市等同只有一個 Nokia，直到 Nokia 的手機賣不動，芬蘭才逐步走向衰敗。但是，Nokia 的大裁員，釋出大量具國際經驗、軟體與行銷實力的人才，這批人才又將自身專業帶入軟體、遊戲等新興產業，逐步完成國家轉型。芬蘭的人口情形其實和台灣相似，它有三十年的出生人口數從未高於八萬人，可是三十年過去，芬蘭仍是經濟上自給自足的國家。

芬蘭之所以能夠自給自足，很大原因在於，軟體是人口少時最適合發展的產業。十個人中，一到二個人做軟體就能養活另外八個人。但是，過去台灣視為核心的製造業卻倒過來，要八個人一起努力養活另外二個人。因此，面對少子化的困境，AI 就是一個絕佳機會，如同我先前提到的，我們可以憑著多年打下來的硬體基礎，以老創結合新創的模式，從硬體整合軟體做到軟硬整合，進而開創新時代、新機會。

要提醒的是，在善用 AI、掌握美中分流和黃金十年機遇的同時，我們還需要突破數位孤島的困境與思維，與其他國家的人才互動。

島嶼的市場在海外

身在島嶼上的我們,受限先天條件影響,很容易陷入同溫層、成為孤島,近似於生活在能看見史前物種的加拉巴哥群島上。台灣因為經歷過荷蘭統治、日治時期、國軍來台等變遷,才有機會促進文化與思維的交流、融合,否則整座島嶼會更顯單一。相較之下,如果你生活在荷蘭、比利時歐陸國家,搭上火車,下一站就是另外一個國家,自然不會形成孤島。

進入數位時代,網路無國界,網路、社群平台普及後,照理說不應該有孤島的情況,但台灣仍然沒有突破。我們以為自己已經「連結世界」,殊不知只是用繁體中文在台灣網域裡生活。如果想了解關稅議題,大家慣用中文 google,不會嘗試用英文、西班牙文、法文搜尋。還有,大多數人身旁的親朋好友,可能是從同校畢業、同產業裡工作的一群人。相對地,台北美國學校、台北日僑學校畢業的學生同樣生活在台灣,可是他們打開 Instagram、Threads,上頭的朋友來自全世界。

這件事放在產業發展也一樣。

海島的市場永遠在外面,但你飛去日本、飛去美國旅遊、出差幾天不等於國際化,國際化是每天的生活受不同文化衝擊。每天與全世界做生意的紐約街頭小販,說不定比我們的老闆更國際;新加坡、香港來台發展新創事業的老闆,

第一天就能賣產品到整個東南亞市場,因為他們的經驗夠多元、視野夠開闊。

海島國家要做生意,如果不靠過去製造業的成功經驗,就得轉換思維,學會走出去累積實戰經驗。

從大陸思維到海洋思維

1930 年代,日本經濟學家赤松要(Kaname Akamatsu)提出雁行理論(Flying Geese Paradigm),強調大雁成群飛翔時,呈現「人字V」隊形,領頭雁在前,後雁依序排列,共同朝同一方向前進。這在經濟上,指的是先進國家率先完成產業升級後,再逐步將過去的產業外移給後進國家,帶動整體區域發展。

在亞洲,日本便是那隻領頭雁,帶動韓國、台灣、新加坡和其他東南亞國家的發展,讓產業從勞動密集型逐步升級至資本密集、技術密集型,而高端領域由先進國掌握,中低端產業則慢慢轉至後進國。其中,重視產業邊界彈性、跨域協作與知識流動的日本、台灣、韓國、新加坡,與強調多元、彈性、包容的「海洋思維」高度重疊。

我常說,看不見海的島,是世界最危險的地方,因為容易形成「大陸思維」。新加坡、香港人打開窗戶就能看到海;台灣人打開窗,只看見林立的高樓。生在島嶼的人,一

定要具備「海洋思維」，大洋洲上的海島島民，自出生第一天起就誓言要做「海上勇士」，跳入海洋裡尋找機會。如果不夠有勇氣也沒關係，可以想辦法讓別人願意上岸。但是，台灣是農業社會出身，聚集了一群在海島上的農民，自然沒有海洋性格，缺乏在海上一國一國闖蕩、靈活適應各種市場的能力。

很高興的是，最近有幾位台灣年輕人，已經分別「闖出去」，在 OpenAI、Cursor、MosaicML 等一流 AI 公司擔任重要技術角色。像是 OpenAI 研究總監陳信翰（Mark Chen）、Cursor 創始工程師、第二號員工 Ian Huang，以及 MosaicML 共同創辦人湯漢林，除了家學淵源、在美國名校完成學業之外，幾年前，這些年輕人都還在台灣就讀國際高中。

因此，我們必須連結各國白領人才，一旦白領人才聚集，多元化便會自然產生。許多高科技、金融、諮詢、研發等領域的白領工作，面對全球性的業務範圍和服務對象，要先理解來自不同國家、文化背景的客戶，處理的問題往往也高度複雜，沒有單一標準答案，人才通常也要具備相應的多元視角和語言能力。

2005 年，我成為 Google 台灣第一號員工、著手建立研發與營運團隊時的夢想，就是要讓「世界來到台灣、台灣去往世界」。讓世界來到台灣的夢想已經完成了，如今 Google 台灣坐擁 45 個國家的人才。至於讓台灣去往世界這個夢，我

還在與老創、新創透過「台灣＋N」的概念，持續努力中。

當年台商西進，因為只需要說中文，並未讓視野與思維國際化，但這一次的「台灣＋N」，台灣人得開始說中文以外的語言，吸納國際人才，進而讓這座島嶼變得更多元、更國際。

例如，台積電正在從硬體跨到軟體，大量聘請AI專家，成立規模不小的軟體研發團隊。與此同時，在日本熊本建廠後，亦在國內大專院校開設半導體日本專班，招募日本學生來台學習。

後疫情時代，土耳其做為橫跨歐亞大陸的門戶，伊斯坦堡已經成為歐洲最繁忙的機場。2025年2月，以AI與SaaS服務❶為核心的台灣企業Appier，宣布收購法國新創公司AdCreative.ai，由於AdCreative.ai創辦人是土耳其裔的法國人，團隊不僅在土耳其設點，還有高達六十多名優秀的軟體工程師，Appier等於在法國之外，又增加了台灣與土耳其市場及人才的新連結。

這對台灣的意義是，當台積電、聯發科等大廠開始往軟體領域移動，無論在世界各國成立研發基地，或是在台灣開出職缺，這些需求都有機會把海外的頂尖工作者拉回來，為

---

❶ 軟體即服務（Software as a Service）的縮寫，是一種雲端運算模式，讓使用者透過網路「租借」軟體，無需在本機安裝或維護。如此一來，可以避免花大錢買斷軟體，後續還需要面對軟體維護與更新等問題。

台灣的企業所用，打一場世界級的戰爭。

從發展 AI、強化軟體產業，到軟硬整合、讓老創結合新創，這些是台灣在少子化時代的解方。雖然，軟體和硬體的發展邏輯迥異，製造業會受到區域差異、人口成本等限制而影響規模。反觀軟體是一場沒有圍牆的戰爭，贏者全拿。想投入軟體產業，除了要撐過第一階段的開發投入，還要向外開拓出夠大的使用者基數，這對規模不大、難以單靠國內市場支撐的台灣來說，有一定難度。

但是，我們不必悲觀。全球二百多個國家，只有台灣有台積電，而且在台積電之外，我們還有聯發科、鴻海、廣達等強大的硬體供應鏈，只要從海洋思維出發，再搭配這些老創的基礎硬實力，足以**繼續撐起下一代的希望**。

企業篇

台灣企業應該善用 AI 賦能員工、強化資料工程，
並且促進老創、新創攜手合作，
培育國際化多元人才，帶動產業轉型升級。

第15章
敢轉向的有競爭機會，快快讓員工賦能

生成式 AI 問世至今，Google、Meta、Amazon、Microsoft 等科技巨頭三不五時便傳來裁員消息。以 Microsoft 來說，截至 2025 年 7 月，累計裁員人數來到 1.5 萬人，約占 3％至 4％的員工數，官方坦承，在深度導入 ChatGPT、Copilot 等 AI 工具後，已經替公司省下 5 億美元（約台幣 147 億元），APP、遊戲、雲端等部門的工程、銷售、客服人員和一些管理層職能，都能夠被 AI 取代。Google 亦在 2025 上半年精簡組織，針對 Andriod、Pixel、搜尋、廣告和裝置等部門，啟動裁員和自願離職計畫。

矽谷巨頭打什麼算盤？

很多人都好奇，少了那麼多員工，原本的工作誰來做？其實，他們在「騰籠換鳥」。

騰籠換鳥是指,把舊的、效率較低或不符未來趨勢的職位(舊鳥),從籠中「騰出」,再將資源與空間拿去發展新的、更有前景、更有效率的職位(新鳥)。

　　1765 年,英國工程師瓦特(James Watt)改良紐可曼(Newcomen)蒸汽機,設計出分離冷凝器,大幅提升熱效率❶。爾後,他又陸續加入離心調速器、具轉軸功能的齒輪系統等創新機構,推動蒸汽機的普及。此舉,讓傳統手工業遭受一定的衝擊,部分工匠失去工作,卻也創造出更多與工業、城市相關的新職位。當時中國正值清朝乾隆年間,整體經濟仍以農業為主,手工業與家庭作坊高度發展,並未立即受到歐洲工業革命影響,自然沒有失業問題。然而,東西方正是在往後的一百年間,逐步拉開差距。

　　時至今日,到了生成式 AI 時代,我常說,全世界第一個失業的人,會是 Google 的客戶經理。因為,過去 Google 需要客戶經理向客戶解釋行銷、廣告投放的操作,如今只要靠生成式 AI 就能提升行銷科技(MarTech)的效率與成功率,大量減少所需人力,行銷科技做為企業裡最早數位化的部門,也就成了歐美企業的第一波裁員對象。

　　透過語言模型提供的 Deep Research 功能,任何人都可

---

❶ 在瓦特之前,紐可曼(1663-1729)發明的蒸汽機沒有分離的冷凝器,因此效率很差。瓦特蒸汽機的特點在於將冷凝器置於鍋爐外部,能將蒸汽冷凝分離循環,讓煤燃燒所產生的蒸汽能源源不絕輸出動力。

以請 AI 根據特定議題，蒐集網路即時資料做研究，並在幾分鐘內，輕鬆產出有一定水準的報告——這幾乎成了我的日常。每天早上，我都會請 AI 幫我生成一份今日 AI 趨勢報告，做為我掌握最新資訊的參考依據。很明顯地，Deep Research 服務直接衝擊顧問業與市場研究產業，2025 年 5 月，顧問業巨頭麥肯錫（McKinsey & Company）進行百年來最大裁員，縮編 11％的員工，這多少與 AI 衝擊有關。這個現象與「世界經濟論壇」（World Economic Forum）發布的《2025 未來工作報告》（*Future of Jobs Report 2025*）相符。該份報告指出，到了 2030 年，全球會淘汰 9,200 萬個工作，同時也會創造 1.7 億個新工作，講的就是「騰籠換鳥」。

很多人只從單一視角看到 AI 會讓我們失業，但綜觀歷史，所有科技發展的進程在在顯示，新科技帶來的機會多於威脅。而且，當一國尚未因生成式 AI 而導致企業大量裁員的話，就代表該國的 AI 應用還沒開始。我認為，與其關注「矽谷有多少個工程師被裁掉」，不如探究這些企業有本事裁員、敢轉向的背後動機。

用 AI 幫員工賦能

表面看來，矽谷科技巨擘大量裁員，是因為企業領導人認為導入 AI 不但能大幅提高生產力，還可以降低勞力成

本，於是重新考慮人事成本的配置。但是，如果你深入細看，會發現這些公司一邊裁員，一邊併購與 AI 有關的新創公司、挖角新興人才，而且還對外宣稱，歡迎被裁員的員工「重新應徵」。

2025 年 6 月，Meta 便挹注資料標註公司 Scale AI 高達 148 億美元（約台幣 4454.4 億元）的資金，還延攬 Scale AI 執行長汪滔（Alexandr Wang），邀請其領軍全新的「超級智慧」（Superintelligence）團隊；7 月，Google 以 24 億美元取得 AI 程式碼新創 Windsurf 的非獨家技術授權，並高薪網羅執行長莫罕（Varun Mohan）、共同創辦人道格拉斯‧陳（Douglas Chen）和主要研發團隊加入 Google DeepMind。

巨頭一邊裁員、一邊買團隊的種種舉動，代表他們想快速篩選出能適應 AI 環境的員工，而非等著在職員工慢慢轉型，或直接買 AI 團隊來補足職能需求，藉此保持公司競爭力。

跨國企業因為競爭激烈、業務龐大，導入 AI 後能帶來巨大成效並減省成本，因此具備裁員條件。相較之下，台灣以中小企業居多，規模不比矽谷科技巨擘，而且還需要顧慮裁員會影響企業聲譽。其實，台灣老闆要重視的問題，應該是如何「用 AI 幫員工賦能」，例如讓 AI 成為個人助理、小幫手，以此提升員工的工作效率與達成率。

我通常將 AI 的使用者分為神奇寶貝（寶可夢）訓練師

與指揮家。神奇寶貝訓練師大多具備相關學歷背景，有能力訓練 AI；指揮家則不必明白 AI 的運行機制，只需懂得「下咒語」，知道與 AI 溝通的方法、需要提供哪些訊息。多數台灣中小企業的需求，集中在讓同仁變身 AI 指揮家即可。對此，企業首先要降低員工使用 AI 的顧慮，再找到內部厲害的指揮家，並透過這位使用者的心得分享，讓員工看到同儕使用 AI 後事半功倍的成果。這正是員工學習 AI、成為指揮家的最大誘因。

2024 年，台大 EMBA 畢業典禮邀請我為畢業生演講，我對這群企業負責人和高階主管的期許，即是努力成為 AI 時代的指揮家。

不過，台灣中小企業占全體企業比例逾 98％，資源較少，該如何讓員工也學習 AI？

其實員工愈少的公司，愈適合用 AI，因為使用效果最明顯。與大企業需要考慮複雜的系統整合不同，中小企業不需要特別去找訓練資料，可以直接使用現有的通用 AI 工具，善用會議即時翻譯、會議記錄、文件摘要、生成、試算表分析、網頁生成等功能，AI 就可以是很好的幫手。

員工快速賦能的 STEP 模型

透過 AI 賦能員工是可以立刻開始執行的工作。這裡也

分享一個協助企業快速實現目標的「STEP 模型」。STEP，指的是分類（Segmentation）、轉化（Transition）、教育（Education）和績效（Performance）

首先，「分類」代表要分類、盤點組織內的職能，識別哪些職位會受到 AI 影響。依據不同層次列出「受 AI 衝擊較大的」、「未來可能受到影響的」、「無影響的」職位後，企業可再制定相應策略。

其次，「轉化」是針對不同類別的職位採取相應的應對措施。受 AI 衝擊較大的職位，企業應該幫助員工轉化能力、習得新技能，例如協助工程師培養縱向的「π 型」能力，加深技能和專業知識的深度，確保同仁在新趨勢中保持、甚至發揮更多價值（請參考 22 章）。

再者，要「教育」員工使用 AI 工具。教育是實現員工能力轉化的具體做法，能讓員工應對 AI 帶來的變化，並提升組織競爭力。員工希望透過學習 AI 來精進技能、增加職場價值；管理者則期望藉由教育，提高效能來確保組織在 AI 時代的競爭力。這也是人資部門接下來需要關注的重點。

最終，要評估「績效」，檢驗轉型成效。例如，員工在培訓後能否留任並應用所學？或是急著另謀高就？原因為何？績效檢視不僅針對員工個人的職涯評估，還包括對企業資源配置的調整。

另外，企業還可以設計「獎勵機制」，員工只要多用一

種 AI 工具,就能立即獲得回饋或獎勵,如此一來員工理所當然會產生使用 AI 的強烈動機。

AI 的影響可比喻成「大風吹」,從科技巨擘到中小企業,不論是騰籠換鳥,還是為員工賦能,風往哪裡吹,新的機會就在那裡。而真正能掌握競爭機會的,只有那些敢轉向、積極擁抱 AI 的組織。

第 16 章

百工百業先用再說

　　2025 年，多家研究機構針對 ChatGPT 各國用戶數及使用比例進行調查，結果顯示，美國大多位居第一，用戶占比約為 16％至 19％不等，印度排名第二，約占 15％左右，其他包括新加坡、香港、日本、韓國、菲律賓等亞洲國家，均名列前茅。其中，新加坡在人均 ChatGPT 活躍用戶比例位居全球第一，約每四位國民，就有一位每週使用 ChatGPT，月活躍滲透率居世界首位；香港受限於人口總數，雖然在「使用人數絕對值」排不上全球前十，但在滲透率和 AI 應用普及性上，名列全球前段班。而台灣在各項公開統計均未見排名，可見用戶數明顯偏低。

　　以亞洲國家、新興市場來看，英語做為菲律賓的官方語言之一，英語表現更好的 ChatGPT，使用頻率高實屬預料之中；新加坡、香港、日本、韓國等地因為知識型產業高度發展，有眾多會計師、律師、工程師、分析師等「師」字輩職務，可以將 AI 做為生產力工具，直接應用在核心工作流

程，使用頻率自然也高。

事實上，生成式 AI 問世後，知識型產業首當其衝，尤其是以往需要大量查找、爬梳、研究、分析資訊的分析師、律師，以及以寫程式為主的工程師，由於現在 Deep Research 找資料、寫報告的能力又快又好，AI 寫程式的能力甚至比人強，讓「師」字輩受到最大衝擊。組織裡如果只有幾名分析師、工程師可能影響不大，但如果是提供產業報告的顧問公司、專精數據分析的市場研究機構，員工的感受應該相當明顯。因此，新加坡、香港等以知識經濟產業為主的地區，不大規模擁抱 AI、藉此維持競爭力也不行。

相較之下，台灣製造業盛行，如果你是在鐵工廠、塑膠工廠裡負責生產、製造產品的人員，不需撰寫報告、想文案，等於生成式 AI 無法直接幫你賺錢，現階段可以說毫無用武之地。所以，儘管我們成天都在談論 AI，也因為大量輸出晶片而與有榮焉，但使用率卻相對周邊國家低，出現「知用落差」的情形。

AI 應用無所不在

有人會問，AI 真的跟台灣企業沒關係嗎？其實，AI 與百工百業都有關，只是時間早晚罷了。

法鼓山、全球數位人權大會曾邀請我去演講、參與座

談，探討AI的發展趨勢與可能帶來的影響。宗教做為一種知識傳播渠道，也想了解在少子化、AI和網路訊息日趨多元的現在，AI會帶來哪些衝擊。日後信眾想聽什麼道理，是不是不用親自前往法鼓山，只要打開ChatGPT、Gemini就有現成的AI法師，能二十四小時傳道解惑，進而導致信眾流失？

我請教過AI這個問題，得到的回覆似乎沒有這麼極端。AI說，信眾無論如何還是需要法師的生死陪伴，而語言模型也可以做為宗教與信徒之間的新溝通管道。至於人權組織，亦積極想知道目前AI技術發展集中在美國、中國，且由極少數公司主導的情形下，對全世界語言、文化的多元性將帶來哪些風險。如同我先前提過的，聯合國科教文組織警告，世界有接近七千種自然語言，目前只有約一百種語言資料收錄在常見大型語言模型中，其中語言模型用在教學的資料，有90%來自歐美教材。

我也提過，電商是最先遭受AI衝擊的產業。預測式AI很早就被應用在產品推薦裡，生成式AI出現後，更能直接應用在客服領域。2024年雙11期間，阿里巴巴的客服問題有95%交由AI處理；同年9至12月，Amazon公布，35%的商品業績來自AI推薦，AI很明顯已經在銷售商品，AI店長的時代就在眼前。而且，2024年11月的研究也顯示，消費者非常喜歡對話式介面，提供對話介面的電商可以增加82%的轉換率，降低30%的客服成本。而今日電商、明日金

融，接下來，AI對金融業的影響很快會到來。

有人說，金融業的產品沒那麼多，相較擁有大量產品的電商，影響有那麼大嗎？長期以來，台灣的金融商品受限於政府機構高度監管，無法如同電商一般大舉進軍廣闊的消費市場，導致金融業和消費者有段距離。然而，當有一天金管會允許電商開賣數位金融商品，電商投入金融服務變得相對容易時，他們擁有大量的消費客戶，以及最新的數位行銷、自動推薦服務、對話式商務系統，只要將金融商品上架平台即可販售。所以，現在的金融商品競爭力還不高，一旦金管會放寬銷售通路，金融商品必定會百家爭鳴。

至於製造業，要是未跟上速度導入AI、升級智慧製造，面對少子化、老師傅退休等缺人問題，同樣會失去競爭力。

AI 當前應用最廣的領域

目前，AI最有效的應用是程式開發、客戶服務。透過AI輔助，程式開發效率大幅提升，根據Google與Microsoft 2025年第一季報告，產品程式碼已有30％是透過AI生成。智能客服則能即時分析、回答問題，提供準確的建議給客戶或轉接真人客服人員。

以銀行來說，客戶的問題類型與情境複雜多變，可能多達上千個客服場景，真人客服儘管有知識庫和服務指導手

冊，還是無法確保自己能妥當回應客戶，針對這種情況，訓練 AI 來回答上千個場景的問題再適合不過了。其中，「信用卡消費疑義／疑慮查詢」是銀行客服裡最重要的服務，約占 60%，一位真人客服平均需要花二分鐘調閱資料、一分鐘回覆客戶，但如果由 AI 介入，不到三秒便可完成查詢、答覆客戶。

雖然，智能客服還有尚待克服之處，例如流程繁瑣或 AI 回答出錯，因此真人客服必須在適當時機加入協助。「人機協作」的流程要經過不斷設計、調整，每間銀行的進程也不同，但智能客服已經是全球金融業的大勢所趨。同時，AI 已經被添加到 Google 與客戶之間的線上會議中，客服在服務客戶時，AI 會同步聽、同步參與，如果客戶要調閱資料，AI 不僅能直接調取報告，還能同步給予客服人員建議。

稽核與風險管理也相當適合 AI 發揮所長。政府可以倚賴 AI 來審核大量申請文件、生成合約，新加坡政府便藉此力推各種「施政小幫手」；銀行在判斷客戶的貸款違約風險、檢查合約是否有誤時，AI 則能協助驗證、提醒疑慮之處。美國退伍軍人的保險理賠，過去處理方式是申請人填寫完資料表後提交相關單位，如果申請表的資訊填錯，單位負責人就得通知申請者來改件，過程耗費許多時間與人力，如今透過 AI 資料檢查系統，可以在第一關就抓出郵遞區號、地址不符等各種錯誤，將申請理賠時間從二個月縮短至五

> **圖表 7：在政府服務中導入 AI**
>
> **民眾服務**
> - 服務查詢（阿拉伯聯合大公國：統一入口）
> - 法律諮詢（英、葡 Legal Bot）
> - 投訴分析（日本）
> - 語言翻譯（印度）
> - 申請文件稽核（成效顯著）
>
> **流程優化**
> - 文件稽核（成效顯著）
> - 專案構想
> - 專家搜尋、建議
> - 公文撰寫
> - 合約生成（美國國防採購）
> - 程式開發（舊程式轉新程式）
> - 施政幫手（新加坡）
> - AI 工具庫（音轉字、翻譯⋯⋯）
> - 資安顧問（Security bot）

天，大大提升行政效率（圖表 7）。

此外，AI 在行銷、人力資源、知識管理等領域的應用同樣日益普遍，例如阿里巴巴早年在淘寶推動「千人千面」行銷策略，未來如果搭配 AI，可能要改稱「四百萬人四百萬面」，變成超級個人化的行銷方式。這種精準度高到近乎「詐騙」程度的手法，會讓行銷變得更有效率，卻也更具挑戰。

我還鼓勵人資廣泛使用 AI，AI 可以根據人資的需求，先篩選應徵者履歷並擬定面試問題，有效加速應聘流程。

特別要提的是，我的學界好友們都很厲害，AI 用得頗為上手。他們會像和朋友交換讀書心得的方式，用 AI 發想創意、啟發思路，以此拓展研究方向。儘管在《哈佛商業評

> **圖表 8：比對 2024、2025 年 10 大生成式 AI 使用案例**
>
> 2025 年 10 大生成式 AI 使用案例點出從技術性應用轉向情感性應用的轉變，尤其是在心理治療、個人生產力與個人發展等領域的成長。
>
> | | |
> |---|---|
> | 1. 產收想法 | 1. 心理治療／陪伴 |
> | 2. 心理治療／陪伴 | 2. 組織我的生活（新使用案例） |
> | 3. 特定搜尋 | 3. 尋找目的（新使用案例） |
> | 4. 編輯文本 | 4. 強化學習 |
> | 5. 探索有興趣的主題 | 5. 產出程式碼（對專業人士） |
> | 6. 有趣與無厘頭 | 6. 產生想法 |
> | 7. 故障排除 | 7. 有趣與無厘頭 |
> | 8. 強化學習 | 8. 改進程式碼（對專業人士） |
> | 9. 個人化學習 | 9. 創意 |
> | 10. 一般建議 | 10. 更健康的生活 |

論》的〈2025 百大生成式 AI 使用案例報告〉中，「產生想法」已經從前一年的榜首降至第六名❶，但不可否認地，和 AI 一起「腦力激盪」，借它這顆腦袋來引導我們的大腦，仍然在工作環節中扮演不可或缺的角色（圖表 8）。

他們還會將自己的研究丟給 AI，透過與 AI 的對話，驗證與反思研究結果，促進深度討論；讓 AI 快速閱讀大量文獻、分類資料、提供摘要，則能協助提煉關鍵概念和主題，提升文獻研究效率；用 AI 設計實驗流程、提供撰寫建議，

---

❶ 資料來源：https://www.hbrtaiwan.com/article/24037/how-people-are-really-using-gen-ai-in-2025

在文章撰寫、論文回饋等過程，亦極具幫助。

這些多元用法，其實不限於學術領域，百工百業都能適用。

什麼是 AI 語音轉文字技術？

要是上述做法對你來說太難，不妨從「音轉字」開始。

語音轉文字技術（Speech-to-Text）與大型語言模型的搭配已經相當成熟。企業透過音轉字技術可以快速翻譯、摘要、分類、提示、問答和知識搜尋……。

光是會議記錄，音轉字就能幫上大忙。我們成天講那麼多話，是不是能將話語變成文字？文字長期累積下來，會變成知識、產生影響力，而 AI 可以縮短記錄資料、產出知識

圖表 9：語音轉文字的多元應用

音轉字+LLM	心理諮商	類似情境
・+ 翻譯 /Translation	・語音轉文字逐字稿	・跨國會議
・+ 摘要 /Summarization	・重點摘要提示	・客服紀錄、分析
・+ 分類 /Classification	・下次注意事項	・庫房管理紀錄
・+ 提示 /Alert	・隨時詢問	
・+ 問答 /QA		
・+ 搜尋 /Search		

的過程。我先前出去演講，有了 AI 協助，一講完，逐字稿立刻產出，速度快到無法想像。

想再進一步應用的話，用 AI 來翻譯是個好選擇，AI 能將你感興趣的他國語言文章立刻轉換成你能解讀的內容。我在 Google 工作時，團隊組成多元，每份文件都要翻成四十種國家的語言，但現在召開跨國會議時，大家只要講母語，AI 便能即時翻譯成英語或各種語言，減輕團隊壓力。還有，公關公司告訴我，他們到日本、韓國開會，只要拿出電腦，講什麼語言都可以，AI 會迅速翻譯，彼此之間再無語言隔閡。

如今市面上已經開始販售「AI 智能翻譯耳機」，任何人只要戴上藍芽翻譯耳機，只會聽到自己的母語。例如，你跟韓國人講電話，他講韓文、你講中文，但你完全聽不見韓文，因為你只聽得見耳機翻成中文後的內容，過程幾乎沒有時間差。

這些進展對心理諮商、會議記錄、客服等領域的工作者來說，尤其有助益。心理諮商師、自由工作者都能利用音轉字再歸檔的方式，輕易管理、回顧重要資訊，進而提高服務品質，與客戶建立深入關係（圖表 9）。

在行政院文官會議分享 AI 時，我說，會使用 AI 的人跟企業，將取代不會使用 AI 的人與企業；有能力開發、應用 AI 的國家，正在削弱沒有能力使用 AI 的國家。2023 年底，國科會宣布結合跨部會資源，正式啟動「推動各產業導入生

成式 AI 計畫」，從官方角度力促百工百業用 AI。

雖然，台灣不是以知識產業為核心的國家，也並非位處生成式 AI 海嘯的第一排，反而因為著重生產、製造，讓我們獲得些許喘息空間。但是，這把雙面刃，亦讓我們沒即時應用 AI。如果我們不注意、不把握，僅有的緩衝時間很快會被消耗殆盡。

第 17 章

當 AI 變員工、同事，一人企業當道

2025 年 7 月，微軟研究院（Microsoft Research）針對自家 Copilot 裡的二十萬筆匿名對話進行分析，探究生成式 AI 對職場上各項任務的影響。報告顯示，AI 最擅長蒐集資料、編輯與撰寫內容，以及建議、協助他人等任務，但在大多數的工作場景中，AI 無法直接替工作者完成任務，而是扮演協作角色。❶

因此，儘管 AI 技術愈來愈厲害，總有人擔心它會搶走自己的工作，但人們應該正視的，是選擇與 AI 協作、當好朋友。

在 Amazon 的工廠裡，部分包裹分揀、搬運、監控等工作早就由 AI、人形機器人代勞。Amazon 執行長安迪‧賈西（Andy Jassy）便稱，隨著更多 AI 代理、生成式 AI 技術的導

---

❶ 資料來源：https://arxiv.org/abs/2507.07935v1?fbclid=IwY2xjawLi0TlleHRuA2FlbQIxMABicmlkETF4eXJGVmFZVDZwWElhZE5TAR7jEYez5tf-qPFoyWOk05PXD-nOWXgMWBmeFqPYE02zx5wMXph9JDXAc26YQQ_aem_gH6oHWxoUxUpouHoUOpxdw

入，將讓某些現有工作的人力需求減少，其他類型的工作機會則會增加。雖然這番言論立刻引起自家員工的不滿，抗議機器人剝奪了他們的工作機會，但 Amazon 回應，機器人主要執行那些人類不喜歡做的工作任務。

在這個案例裡，機器人與工人是「合作」而非「取代」，就如同指揮家不需要自己拉小提琴，而是樂隊的小提琴手把小提琴拉好。

企業如何與 AI 協作？

這就衍生出另一個問題，企業與職場工作者如何與 AI 協作？

機器的思維與人不同，我建議，不能把 AI 當成真人。AI 擅長執行單一任務，尤其讀取資料的能力格外突出，工作者應該將 AI 當做單一事件的合作對象，而非直接叫你的 AI 同事自行寫出一份新的年度企畫，反而要先餵它過去十年的年度計畫，再提供目前大環境資料、公司希望達到的目標和可利用的資源，最後再請它依照過去的這些模板要素來撰寫計畫書，等於是將一個任務拆分成幾個步驟，依序指派給 AI 同事。現實情況是，當你在撰擬分析報告時，如果不與 AI 協作、不讓它協助消化大量資料後再改寫，你產出報告的速度與品質就無法比會用 AI 協作的同事好。

不過,我想提醒各位讀者,雖然 AI 擅長閱讀、分析資料,你仍然必須回頭確認它給你的資料是否正確,否則過度倚賴 AI,你的價值與產出會持續降低。

另外,我認為企業不需要立刻開發 AI 客服機器人來取代真人客服。企業可以只開發可供真人客服差遣的 AI 小助理。例如,小助理 A 是擁有法遵專業的高手,對於任何涉及消費者隱私的問題,它都能立即提供參考指引,讓客服不必再去尋找法務單位求助;小助理 B 是產品功能查詢高手,能在第一時間找出各種疑難雜症的解答,不需耗時等待產品部門回應。最重要的是,這些小助理雖然無法獨自完成單一真人客服的工作,卻能同時處理多名真人客服的需求。

我一再強調,AI 時代的重大挑戰之一,是會用 AI 的人和完全不用的人,而且差距將與日俱增,形成 1:99 的挑戰,因此我們應該向身旁的超級使用者學習。在我看來,一人創業家、內容創作者可能是商業領域與 AI 協作的最佳例證。

以前創業要花時間組建團隊、招兵買馬,現在那些自己開公司的老闆,只要好好運用 AI,將 AI 當成員工,從發想商業模式、分析財務到找同事,即便資源不足,仍然能以一人之姿,光靠 AI 搞定所有工作。最近大家還喜歡讓 AI 來療癒、陪伴自己,每當創業遇到挫折,與二十四小時不打烊的 AI 聊幾句,或許能從中獲得啟發與情緒支持,這也是以往無

法想像的「員工職能」。

一人公司的福音

　　一人公司的興起，將會顛覆產業。原因是，以前需要多人才能完成的工作，現在只要透過網路、軟體和各種 AI 工具，便能以極低成本完成任務，幾乎不需要實體店面、大量庫存或複雜的人工流程，而且因為規模不比大企業，不追求大而全，因此可以選擇只與少數幾家夥伴合作，將精力與資源集中在核心任務上，做得更精準、更有效率。

　　例如，未來善用 AI 的一人數位行銷公司、數位媒體代理商可能會愈來愈多，他們只要幾個人便能完成內容發想、文案撰寫、圖像設計、數據分析及廣告投放優化等過去需要多人協作的任務。這不僅大幅降低營運成本，也讓創業家能同時管理多個專案、深度鑽研特定利基市場，進而實現更高的獲利，表現可能比一間十人公司還要好。

　　至於那些有心耕耘內容的創作者，則會想辦法用 AI 生成圖片、影音來產製更好的內容。就像以前網路剛問世時，很多撰寫部落格的部落客都成功了，反而那些傳統報社、媒體集團因為體制太龐大、行動太慢，沒辦法轉型成功。2025年 6 月，美國體育博彩平台 Kalshi 在 NBA 總冠軍賽的第三場比賽，發布一支完全以 AI 製作的廣告。導演 PJ・阿切圖

羅（PJ Accetturo）從用 Google Gemini、ChatGPT 生成劇本與分鏡表，以 Google 影片生成工具 Veo 3 生成廣告，過程僅僅花了兩天，總成本約 2,000 美元（約台幣 59,000 元）。科技網站「The Verge」指出，未來這類影片將成為新趨勢。

種種案例顯示，AI 讓創業家、內容創作者擁有以小博大的能力。因此，我相當鼓勵創業家、內容創作者一定要開始用 AI，因為你們有強烈的動機去使用它，也很有機會用得很出色。

AI 正在重塑商業模式，效率與成本優勢變得前所未有的重要。這會催生更多由一人或極少數人組成的高效公司，並對傳統中小企業構成巨大挑戰。然而，這亦迫使企業必須擁抱 AI、加速轉型，否則便會失去競爭力。

從 Microsoft、Meta、Amazon 到 Apple，生成式 AI 問世後裁員的新聞滿天飛，Google 和 Microsoft 都直接承認，如今內部有 30％ 的程式碼是由 AI 撰寫，未來比例說不定還會再拉高。此時，我們可以正面思考：創業的門檻是不是降低了？優秀的軟體工程師能不能將目光瞄準原先找不到工程師的中小企業，轉而協助他們加速企業數位轉型，形成商業領域的良性循環？

只要具備足夠動機，擁抱一定要學會 AI 才能活下去的決心，不管是創業、投入內容創作，甚至在既有職務上創造新價值，你都可以成為 AI 時代的英雄。

第 18 章
資料工程是核心，從記錄聲音、影像開始

現在，人人都在討論的「AI 轉型」，其實已經是「數位轉型 CBA 三部曲」中的第三步。數位轉型 CBA 三部曲，指的是 C（雲端，Cloud）、B（大數據，Big Data）和 AI（人工智慧，AI）。

AI 轉型的前提

AI 轉型的第一步是雲端搭建，提供大量算力，並藉此構建出大量網頁、手機應用程式，將轉型推進到第二步，也就是取得大量數據。而想進入第三步、完成數位轉型，企業需要倚賴前兩個階段累積的算力、數據，訓練出有用的 AI。

由此可見，「數據」是 AI 模型的運作基礎。在預測式 AI 時代，AI 不論辨識圖片、預測趨勢，都需要大量數據進行學習與訓練，以找到數據中的特定模式和關聯性。生成式

AI問世後,能生成文章、圖片、程式碼等多樣內容,能有飛躍性突破也歸功於它被餵養了前所未有的超大量、且極度多樣化的資料。

在此情形下,許多企業要進行AI轉型的一大前提,便是要先建立好資料工程,整理企業裡的客戶消費紀錄、銷售數據等雜亂資料,好讓乾淨的資料能順利被AI解讀。這個過程就像挖下水道、鋪水管一樣,平常你看不到它們在地下怎麼運作,卻是整個系統的命脈。

為了確保AI能發揮應有作用,資料工程必須同時兼顧「品質」與「目的」,如果餵給AI不完整、不準確、混亂的數據,會導致「垃圾進,垃圾出」（Garbage in, garbage out.）,AI的表現將大打折扣,甚至產出無效、錯誤的結果。同時,你必須清楚數據最終的應用目的,目的愈明確,整理資料與建立管線的過程才能更有效率和意義。

過去台灣不重視資料工程,便是因為「不知道該拿資料來做什麼?」,普遍認為資料就是放在那裡,未曾思考能如何有效利用。進入AI時代,我接觸的政府單位與企業還經常提出AI的資料安全問題,主管們都相當擔心,如果將資料提供給AI分析,會不會被偷走、拿去訓練,最終導致資訊外洩等風險。根據安永（EY）的調查顯示,全球有62％的政府機構,因為資料隱私和安全問題限制而無法推動AI,其中有63％的公部門主管擔心AI會降低民眾對政府服務的

信任。有趣的是，56％的員工非常希望能在工作中使用 AI，以減輕工作負擔。面對 AI，主管和員工態度不同，反而造成所謂的「BYOAI（Bring Your Own AI）」（員工自帶 AI 模型／工具進入工作場域）風險，企業出於資安考量，不提供、甚至禁止使用 AI，會讓員工想方設法規避。禁止適用 AI 等於是弊大於利，還會讓企業的數據、資安問題暴露於風險之下。領導者必須先擁抱 AI，挑選合適的 AI 工具，而且除了指導員工使用之外，還要擬定安全、有效的數據管理政策，建立當責文化。

另外，企業在倚賴 AI 執行自動客服、做商業決策時，需要大量即時、乾淨的資料才能發揮作用。例如，客服系統需要立即知道客戶的最新狀態和數據；當公司決定調整利率、服務時，相關資料必須立刻更新到所有系統，讓第一線員工、自動化系統都掌握最新情形。

多模態語言模型的用途

隨著大型語言模型持續進化，2023 年 3 月，OpenAI 發布 GPT-4，等同宣告「多模態語言模型」問世，Google、Meta 隨後也陸續推出多模態模型。相較於傳統大型語言模型擅長閱讀、理解、生成文字，多模態語言模型不僅能讀懂文字，還能看懂圖片、聽懂聲音、理解影音內容，並在透過多

元素材學習後，根據任何一種輸入給出不同模態的輸出。例如，你給 AI 看一張圖，它能用文字描述；你給 AI 看一段影片，它會用聲音或文字回應，等於是能看影片、模仿人類動作，加速「經驗學習」的進展。

這種能整合多元感官資訊的特性，預示著人機互動模式將迎來革命性轉變。透過多模態語言模型的能力，AI 與人類的溝通不再局限於文字，能更自然、更沉浸地以影音方式進行。

在應用場景上，影音輸入可以廣泛應用在烹飪、緊急救援、設備維修等多元事務上。例如，你想煮一道糖醋排骨，卻在關鍵步驟卡關，不知道接下來該怎麼做，不妨拍下整個過程，AI 能理解你做到哪一步，並用語音提示下一步；遇到有人失去意識倒地，自己對 CPR（心肺復甦術）一知半解，可以拍攝倒下的人和自己的動作，由 AI 即時判斷，並指導如何正確進行 CPR；當你想要自行修理電燈，只要用手機拍一張電線配置的照片，AI 會分析影像，判斷燈泡、接頭是否異常，再透過圖像和語音描述，逐步指導你順利維修。

這些影音輸入、AI 提供解方的模式，會讓不具專業知識的使用者能獨立完成各項任務。

多模態語言模型的興起，對以製造業為主的台灣，幫助尤其大。老師、律師、研究員所在的內容產業，溝通與傳遞知識的主要媒介是文字，反觀製造業是動手做事，徒弟跟在

師父身旁學習，看到的都是影像，不易以文字記錄，即便做了筆記，估計只有當事人能看懂，因為這個過程需要對實體場景的理解，因此，影音輸入是最有價值的資料。

我認為，未來工廠的知識傳承會進入多模態概念，方便新手能透過多模態 AI 的加持，更快上手新工作；企業面臨缺工問題時，也可以調降對人才專業度的要求，降低找人的難度。

不過，現在 AI 模型處理文字的成本不低，處理影片的 token 數更是天文數字。一秒鐘的影片，包含成千上萬個像素點的即時變化，還需要同時辨識影像、聲音、動作、表情等多個維度的複雜資訊，運算、儲存、電力方面都得投入更多硬體資源，無形中墊高了應用的難度，總體來說，這方面的應用還需要一些時間才能實現。

幸好，企業未必要等到資料量到齊、資料工程建完、AI 模型準備好才開始在職場中使用 AI。我建議有心導入 AI 的企業，可以開始採用一些現成的 AI 小工具為員工賦能，也要有計畫地蒐集聲音、影像，做為日後導入 AI、完善資料工程的基礎。

要注意的是，除了在製造過程中記錄下師傅們的影像做為素材，還要鼓勵師傅們「自言自語」，施做同時一邊用口語解釋手上正在做的事情，讓蒐集的資料更完備。

儘管目前看來，台灣的製造業應用 AI 的速度較慢，但

這不一定是壞事。因為 AI 仍在快速演進，過早投資不保證會投對地方，不妨先做好準備，用聲音、影像蒐集經驗，等待國際上有成功的產業典範出來，再來學習即可。

第 19 章

在巨人肩膀上堆積木，尋求垂直整合機會

　　生成式 AI 出現後，AI 已經成為全球創投資金最集中的新創領域。根據全球私募與創投產業調查機構 PitchBook 的公開數據顯示，2025 上半年，AI 新創獲得了全球創投總額的 53％，美國更高達 64.1％，其中不乏軟銀領投 OpenAI 400 億美元（約台幣 1.17 兆元）、Meta 斥資 143 億美元（約台幣 4257 億元）收購 Scale AI 的 49％股權等單一超大投資案。❶

　　顯然，AI 是現今最熱門的創業主題。但是，大型語言模型的建置與訓練並非人人有條件投入，ChatGPT 訓練一次模型得花 1,000 萬美元（約台幣 2.93 億元），如果修改程式再重新訓練一次，又要再付出 1,000 萬美元。隨著模型迭代、

---

❶ 資　料　來　源：https://www.axios.com/2025/07/03/ai-startups-vc-investments
https://www.reuters.com/business/us-ai-startups-see-funding-surge-while-more-vc-funds-struggle-raise-data-shows-2025-07-15/

系統變得更複雜，成本會再墊高，這是一場只有大國、大企業才玩得起的遊戲，那其他小新創的機會在哪裡？

新創的機會與挑戰

我認為，新創可以練習在現有的巨人肩膀上堆積木。

十年前，雲端概念剛興起時，圖片分享社群媒體先驅「Snapchat」便是循此路徑成長茁壯。

2011 年，Snapchat 靠著經營拍照分享的社群崛起，他們累積至二億使用者時，公司只有十人，其中九個人都在寫前端介面，負責提供好的使用者體驗。Snapchat 團隊之所以能如此精簡，原因在於它是 Google GCP 的首個大客戶，它將心力放在形塑好的使用氛圍、網站體驗，實際系統建置則交給 Google 雲端運算服務，Google 就是 Snapchat 的巨人，讓他們能專心創造應用程式。

Snapchat 的成功證明，如果企業可以理解消費者的真正需求，並從中設計出相應的產品與服務，就不用擔心卡在技術了。

現在 AI 時代也一樣，當 AI 雲端化，一個平台能為全世界所用，會使其高度規模化且愈來愈聰明。人類已經習慣將知識成果放在網路上，讓 ChatGPT、Claude 等大型語言模型做成資料庫；出考題給它，也讓它從錯中學。全球五十億人

一起鍛鍊它成為世界上最聰明的大腦。

許多歐美新創便是倚賴這些最強大腦，開展出下一階段的應用。目前最熱的生成式 AI 新創，大多是串接科技巨頭的 AI 技術，再衍生出自己的服務，他們的成功是站在巨人肩膀上。

我尤其鼓勵各種已經有現成產品的新創投入垂直整合領域、往 B2B（企業對企業）方向發展，加緊挖掘自家客戶的特殊用途，讓自家公司不致受到科技巨頭太多影響。科技巨頭思考的是「最通用」的應用優化，它不可能花時間、資源，特地為某家製造業工廠完成 2D 機械圖紙轉 3D 模型的特殊需求，這就是「小而美」新創的機會。新創可以為既有客戶訓練、客製化專屬的 AI 模型或助手，讓這個 AI 能針對客戶的數據和流程來提供最佳服務。這些問題可能很小眾，但對你的客戶來說卻很重要。

新創甚至不需要侷限在單一大型語言模型，同時跟好幾個巨人往來也沒關係。結合網路即時搜尋與生成式 AI 的智慧問答平台 Perplexity，便支援 ChatGPT、Claude、Grok、Google Gemini 等多個主流大型語言模型；資料分析與 AI 基礎軟體公司 Palantir，同樣串接 ChatGPT、Claude、Grok、Llama 眾多領先的大型語言模型。

我不建議新創直接面對 B2C 市場（企業對終端消費者），因為 B2C 需要可以大量複製、成本接近零的規模化業

務才能成功，台灣市場規模有限，軟體業往往第一階段投入很大、開發費用高昂，產品做出來卻無法擴張。

台灣已經有新創在做 AI 的垂直整合應用。過去主要提供旅館業智慧音箱的「犀動智能」，便將 ChatGPT 當做巨人，將業務進一步擴展到智能客服與會議管理，只要上傳音檔，就能自動整理出逐字稿，甚至能分類說話對象、篩選出關鍵字。犀動智能的技術團隊人數不多，背後技術有 ChatGPT，也有開源技術，還有自行開發的功能。

在 AI 代理人時代，新創的旅遊、租屋平台也可以選擇與巨頭合作，讓 Google 這樣的大型入口網站協助導流，自己則深化背後的營運、客服等服務。Google 在 2025 年 I／O 大會上宣布，租屋平台「Zillow」的線上看房預約服務將與 Gemini AI 助手深度整合，用戶可以直接在 Gemini 上完成查詢、比價、預約實體看房等完整流程，並即時獲得 Zillow 上的房源資訊。但是，Zillow 也強調，購屋是人生中最重要且昂貴的決定之一，消費者在做重大財務決策時，通常希望有人親自協助、釋疑，「真人房仲」是 Zillow 在購屋過程中能提供的關鍵資源。

又或者，台灣受到超高齡化、少子化影響，對醫療的需求與日俱增。雖然，台灣有硬體製造的優勢，適合進行智慧醫療的軟硬整合，但台灣人和美國、日本等不同國家人種的生理特徵不同，在疾病表現、發病率或對特定藥物和治療的

反應，都可能因為基因、飲食習慣、生活方式，甚至文化背景而有著顯著差異。因此，智慧醫療需要在地團隊，結合實際病患數據和臨床經驗，才能開發出真正符合台灣人的智慧醫療解決方案，這是通用型 AI 難以完全取代的領域。

先找到一個 AI 典範

我始終認為，台灣新創現在最需要的，是一個成功楷模（role model）。

我喜歡用棒球舉例。2005 年，投手王建民在美國職棒大聯盟（MLB）初登板，並在 2006、2007 年連續兩個賽季奪得 19 勝佳績，讓台灣棒球開始與 MLB 連結，許多人會在王建民先發時準時守著電視，並於勝投隔天搶買加贈海報的報紙。一定要有人去了大聯盟、日本職棒（NPB）成為超級明星、台灣球員再看到彼此之間的差距並心生嚮往，中華職棒才有機會改變。2024 年世界棒球十二強賽的台灣冠軍隊成員林家正就說，當初他是看了前輩王建民在 MLB 的表現，才決心踏上棒球之路。

2020 年初，我從 Google 退而不休，扶植軟體新創，就是希望為台灣打造一個世界級的創業楷模，貢獻一己之力。

很高興的是，過去幾年，台灣已經有一些軟體、網路公司陸續在國內外上市，包括 Appier、91APP、Gogolook、

玩美移動等；準備上市中的，則有 KKCompany、KKday、FunNow、iKala 等公司。這些企業的市值雖然尚未達到獨角獸等級的 10 億美元，卻從 0 到 1，累積了一定基礎的商業模式、服務規模與數據。我們等於有一群能打中華職棒的球隊。

只是，要如何從中華職棒走到日本職棒、美國職棒大聯盟，抓住 AI 時代的機會，還需要大企業與政府的重點提攜，如同企業、政府一同投入改善台灣觀賽環境、建立大巨蛋、吸引台灣優秀選手回流、行銷贊助等。

除此之外，最重要的是一定要「國際化」。不論是吸引外國人才加入台灣新創圈，或是連結海外人才，都能為台灣帶來國際化的視野與管理經驗，並直接對接全球市場。就像台灣選手加入大聯盟、日本職棒，甚至中華職棒引入洋將，都能帶動球技精進、完善環境的良性循環。協助貨運代理產業數位化的台灣新創「GoFreight」，便是採取總部設在美國、研發中心放在台北的模式，既能直接接觸最核心的客戶需求、市場趨勢，又能掌握優質技術人才，有效整合全球資源。

儘管，網路剛崛起時競爭者少、機會遍地的年代過去了，但 AI 時代的垂直整合領域仍然有機會，特別是即將爆發的 AI 代理應用。

尤其是，過去我們的科學家只埋頭鑽研技術，卻忽略

應用，AI 是一個好契機。因為，最難的技術問題已經有全人類一起訓練的模型去解決了，現在的考驗在服務設計，只要做對了，客戶就會被你綁住；黏度一高，你就贏了。再加上，最近不少專家都提到，網路普及帶來的知識經濟幾乎已經告一段落，接下來會進入創新經濟的時代——知識可以問 AI，但應用需要具備創造力（Creativity）和溝通力（Communication）的人去開拓。

　　所以，趕緊去創造 AI 應用吧！愈早開始愈好。去接近你的消費者、找出需求，未來應用機會無限。

第 20 章

用魔法打敗魔法，以 AI 對抗 AI

　　生成式 AI 問世後，被廣泛應用在零售、金融業等百工百業，扮演二十四小時不休息的客服，回覆消費者問題，也協助工作者迅速產出企畫、文案，從而提升生產力與工作效率，但股神巴菲特（Warren Buffett）曾示警，AI 詐騙恐怕會是成長最快的行業。

AI 成為詐騙的助攻神器

　　根據德勤（Deloitte）發布的調查顯示，2023 年，生成式 AI 在美國造成的詐騙損失金額，已達 123 億美元（約台幣 3597 億元），預估 2027 年，將達 400 億美元（約台幣 1.17 兆元），年均複合成長率達 32％。同年，全球透過 AI 驅動的釣魚式攻擊，數量亦成長六成，光是在菲律賓，AI 深度偽造（Deepfake）詐騙案件數量便激增 45 倍，還有公司接到自稱香港某企業財務長的視訊電話，不料電話是由生成式

AI 偽造而成，讓該公司蒙受詐騙，損失 2,400 萬美元（約台幣 7.02 億元）。

具備強大內容生成、互動模擬能力的 AI，正被不法分子用來製造難以察覺的詐騙陷阱。例如，大規模生成假內容與深度偽造，產製虛假用戶評價、商品推薦文，甚至編造不存在的「權威媒體報導」，以烘托某個詐騙產品、服務的熱銷和好口碑；或是結合深偽技術，用 AI 生成高度逼真、難辨真偽的名人、專家、受害者親友虛假影像和音訊內容，以此推銷產品、勸誘投資和緊急求助。

另外，AI 還能模仿真人語氣、學習用戶對話模式，扮演戀愛對象、金融顧問、投資導師或客服人員，持續與潛在受害者長期互動，讓受害者在不知不覺中放下戒心，最終一步步掉入陷阱。由於 AI 能同時與數千、數萬人互動，這種詐騙的規模和效率，遠遠超過傳統人力模式。

不過，魔高一尺、道高一丈，人們可以以子之矛、攻子之盾，將重點擺在「AI 防詐」，用魔法打敗魔法，以 AI 對抗 AI，讓 AI 協助人們用更即時、規模化、智慧化的方式處理詐騙。

一方面，發展防詐保護軟體，讓 AI 分析造假內容；同時運用釣魚技術、大量製造假個資，主動出擊、誘捕罪犯，如同行銷人員寄出數百、數千封 EDM 般，向詐騙撒網。過往都由員警扮演的釣魚角色，如今交由 AI 負責，可以大力

減少防詐人力需求。

從反 AI 詐騙中謀求好生意

此時,「AI 防詐」反倒成了門好生意。有些 AI 服務供應商會在模型生成的內容中,嵌入獨特且不可見的數位浮水印、加密簽章或設計溯源系統,以證明文件來源。更重要的是,如果 AI 開發商之間形成聯盟,採納標準化的認證協議,將大幅提升快速識別 AI 生成內容來源的能力,有效打擊假訊息與詐騙行為。

目前,包括英國金融業者、電商龍頭、國際支付平台在內等企業和組織,都開始運用 AI 監控交易、偵測資金異常進出。台灣的速度相對較慢,原因在於一直以來台灣的經濟規模不夠大、投入資安的金額比例不高,導致服務提供方太少。原先只有金融業必須強制設置資安長一職,直到 2021 年 11 月,金管會才宣布,大型上市櫃公司應分三級設立資安長、資安專責單位,此後企業才慢慢開始重視並改善資安環境。

在未聯網的時代,企業可以說沒有數位化、沒有網路攻擊就沒有傷害,等於掩起頭便什麼都看不見。但是,進入 AI 時代,資安即國安,資安風險早成了不可避免的現實。面對挑戰,我們可以正面思考,視為加速數位轉型與強化資安防

禦的契機,並投入更多資源在運用 AI 技術建構更智慧、更高效的反詐騙體系,以此減少社會損失。

小結

從知識經濟進化到創新經濟，加緊培育 GDP 人才

　　AI 正進入商業落地的關鍵期，目前卻只有少數能掌握規模優勢的巨頭賺錢。以 Amazon、Google、Microsoft 等科技巨擘來說，就有數條路能走。

　　例如，Amazon 光是把 AI 用在改善自家業務，讓 AI 推薦商品、成為 AI 店長就能提升營收；用人型機器人撿貨，則能省下幾萬名工人的成本；讓別人在自家的雲端解決方案（CSP）部署 AI 模型，靠收平台費用賺錢。而且，不只 Amazon AWS，Google GCP、Microsoft Azure 都在做這件事。

　　這些巨頭之所以能有不同的商業模式，主因在使用者眾、客戶多，具有規模化效益，規模大到只要節省一點人力就能賺錢。現在處於要投入多少、回收多少的問題。

大企業、小企業該如何評估 AI 投資？

對於新創、中小企業，我沒那麼悲觀。新創公司要做的，是積極在垂直整合領域中尋找機會。中小企業不妨先試著將 AI 做為生產力工具，降本增效，不需要急著用 AI 進行大幅轉型，可以等市場成熟再跟進。

壓力最大的，反而是那些五百大企業。放到台灣，便是台塑、中鋼、長榮等傳產龍頭。這些產業領頭羊面對快速變化的大環境與技術，想必看得眼花撩亂，又有虎視眈眈的老二企業在後追趕，隨時準備利用 AI 縮小差距，甚至彎道超車。Nvidia 共同創辦人暨執行長黃仁勳便透露，2024 年《財富》（*Fortune*）五百大企業榜第三十九名的通用汽車（General Motors），想跟 Nvidia 結合做 AI，但汽車業競爭激烈，Tesla 一向走在前頭，中國也紛紛開始採用 AI，通用汽車現在才準備要導入 AI，似乎有點慢了。這些大隻牛難翻身的傳統企業，向來會因為心態保守、歷史包袱、欠缺人才等三大因素，面臨轉型不易的問題。

轉型心態的調整、歷史包袱的揚棄，端看企業領導人的智慧與決心。而人才的匱乏，這裡可以提供一些建議。

我認為，受到 AI 影響，未來是前面提過的「創新經濟」時代，需要的人才和過往有些不同。過去，創造、擁有、傳播知識的「知識經濟」是令人引以為傲的產業。誰能寫報告、做研究、提供專業諮詢就能獲利。人類辛苦創造的

知識是經濟成長的引擎。

但是,生成式 AI 出現後,它學習、吸收了大量的人類資料與知識,是一個超級會閱讀和思考、會生成內容的機器。於是,知識不再那麼依賴人的大腦,反而與你提供多少 GPU、演算法好不好、餵入多少資料有關。黃仁勳說的「想想再回答」,意指根據擴展定律(Scaling Laws),AI 模型的能力會隨著計算資源的放大而提升,只要投資愈多 GPU、電力和運算時間,AI 的智慧上限就愈高。你使用 Deep Research 時肯定也有相同感受,AI 只要想愈久,獲得的答案愈好,這不就是製造業的概念嗎?

在 AI 時代,知識經濟有落入製造業的風險,也是我經常說的,現在是「80 分才及格的年代」(參考第 22 章)。因此,當基礎知識變得唾手可得,真正的價值反而在於如何將這些知識巧妙應用到生活中,去解決問題、尋求突破,這正是「創新經濟」將成為主流的核心原因。

擁有 5C 能力的 GDP 人才

教育部定義,21 世紀學生需要具備的關鍵核心能力為創造(Creativity)、溝通(Communication)、批判性思考(Critical thinking)、團隊協作(Collaboration)和解決複雜問題(Complex problem solving),統稱 5C 能力。這些能力

同樣適用企業，是發展創新經濟的必備條件。

儘管，5C能力聽來有點陳腔濫調，但以創造力來說，AI能生成大量內容和點子，本質上是在學習和重組既有數據，可是真正的創新仍然需要人類跳脫框架、提出全新概念、連結不相關的領域或設想AI不曾見過的應用。企業還要懂得與AI溝通、向AI發問，並將複雜的新概念、新產品、新商業模式清晰地傳達給團隊、客戶、投資人和市場。AI能提供看似合理的答案，內容卻未必完全正確，投入創新經濟需要具備獨立思考、質疑、驗證和評估資訊的能力，方能找出潛在問題或最佳解方。AI擅長拆解結構化問題，但現實世界往往有更複雜、多變的議題，這些問題不僅涉及數據，還關乎人際、文化等多元因素，必須藉由人類的經驗、同理心來解決。除了人與人之間的協作，整合AI這個新夥伴的力量，亦是推動創新的關鍵。

另外，我建議台灣企業要積極培養「GDP人才」。G指的是全球視野（Global View），D是多元化（Diversity），P則是主動積極（Proactiveness）。社會、企業應該為台灣注入國際、多元元素，人才自己則要養成主動積極的態度，創新會在這樣的環境中產生。

放眼世界，多元文化交融之地，創新能量往往格外強勁。例如，在歐洲，與來自數十個國家的人共事是日常；Google同仁在跨國環境裡開會，有強烈使用AI翻譯的需

求。然而，台灣這個蕞爾海島，人們同質性高，加上經濟規模有限，向來缺乏國際、多元視野和高度競爭的環境，開會時，只要說中文就好，缺乏使用 AI 翻譯的動機。又或者，使用了 AI 後，寫研究報告、發想行銷方案只比別人厲害一點點，好像也不會因此被特別表揚、感覺自己表現甚佳。反觀，如果你身在美國紐約高度競爭的商業環境，應用 AI 後的表現只要比別人好一點點，很可能就會大幅增加公司的客戶與營收，與同事的差距立刻顯現。

　　我們正從累積、傳播知識的「知識經濟」時代，進化至以創新為核心驅動力的「創新經濟」新局。從新創、中小企業到五百大企業，加緊培育擁有 5C 能力的 GDP 人才，會是在這場經濟典範轉移中，開創新價值、掌握競爭優勢的最大關鍵。

個人篇

AI 翻轉教育型態,人類需要善用 AI 強項,
讓自己成為跨域的 π 型人才,
學會提問、與 AI 互動,
培養好奇心、同理心與協作力,
才是未來的軟實力。

第 21 章
向 AI 學習前，先了解它的能與不能

2023 年是人機協作的第一年，以前人類把電腦視為輔助，它依照我們的命令編輯修改，但現在透過與 ChatGPT 對話，人可以與電腦一起創作。例如，一篇文章你不滿意，可以請 AI 修改內容長短、改變陳述氛圍；它可以幫工程師寫程式、除錯（Debug）；它可以幫老師出作業、改作業，甚至為了適應各種工作而調整 AI 的互動與應用模式。以上這些都是人與 AI 的協作。

在協作過程，人們開始向機器學習，但機器可能學得更快。尤其在 2019 年間，它在文字、聲音、影像辨識和閱讀、語言理解等方面的能力迅速提升，不僅達到人類的基本知識水準，甚至超越人類的能力。其中，AI 的閱讀理解能力尤其令人驚訝，只要給予適當的訓練資料，它能快速學習新知識，然後產生正確結果。

進階版的搜尋引擎 2.0

原來,科學家是設計生成式 AI 來協助人類閱讀。2020 年 6 月,OpenAI 發布大型語言模型 GPT-3 時,使用的訓練資料量是 45T,大約是一百億的純文字。大學圖書館號稱「藏書百萬」,假設每本書約為十萬字,那一個 GPT-3 就擁有一百座百萬藏書圖書館的知識量。

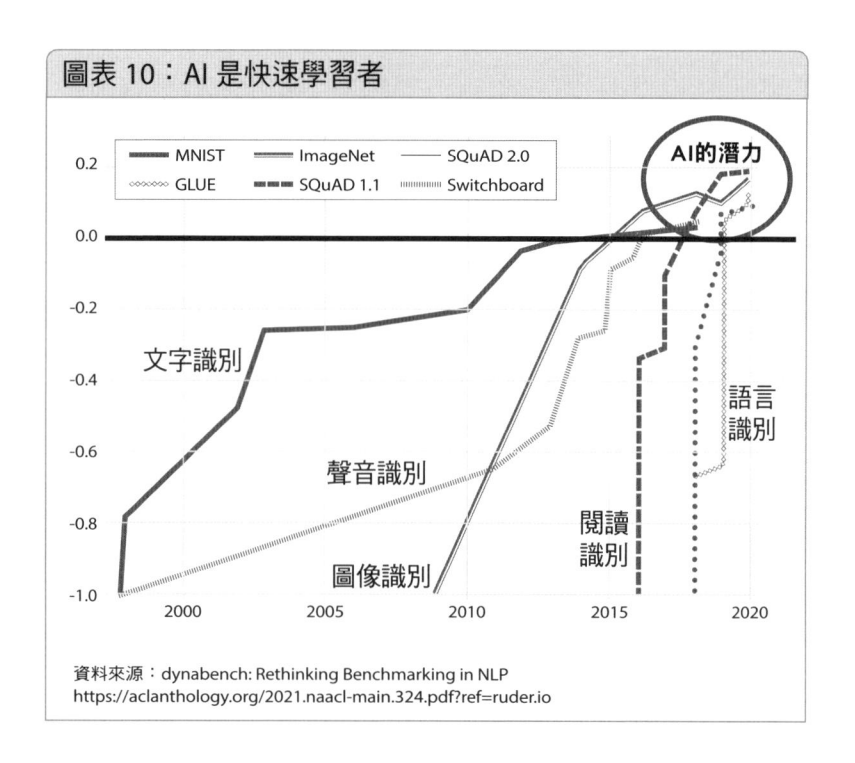

圖表 10:AI 是快速學習者

資料來源:dynabench: Rethinking Benchmarking in NLP
https://aclanthology.org/2021.naacl-main.324.pdf?ref=ruder.io

不同於用 Google 搜尋、找資料時的情境，AI 讀完這 1 億本書後，「量變」產生「質變」，使用者不需要管它是怎麼閱讀、運作邏輯為何，只要把它想成「搜尋引擎 2.0」，它會在讀完資料後吐出答案，等於幫你讀書。有份報告統計，一名分析師過去平均一天讀二十篇文章，有了 AI 協助後，現在到一天可以讀二百篇文章。

原先我們覺得生成式 AI 的推理能力不佳，但大型語言模型透過思維鏈（Chain-of-Thought，CoT）提示技術，已經能將複雜問題拆解成小步驟，按照邏輯順序解決問題，這就是所謂的「想想再回答」，大幅提升推理表現。再加上 2024 年 5 月，ChatGPT 推出 GPT-4o 模型，首次大規模開放「即時多模態推理」功能，讓使用者能直接上傳圖片、語音，由 AI 即時辨識、推理。

例如，拍照上傳手寫數學題，AI 可以讀取題目、解題並用語音回覆。所以，目前我們知道大型語言模型這個「說話的引擎」，能在串接所有可能的科技後，讓使用者不必學習程式語言，就能像和媽媽對話一樣，與電腦輕鬆溝通，這是現今世界上最好的人機介面，也是 AI 的「能」（圖表 10 顯示 AI 各種能力提升的演進，圖上縱軸代表 AI 能力，橫軸是時間。縱軸 0.0 代表人類平均能力，大於 0.0 即是超過一般人的能力。閱讀能力與語言識別在很短時間突破。）。

人類無法叫 AI 不作惡

前面提到，Google 崛起時的公司口號是「不作惡」，創辦人正是希望員工在保有開發複雜系統的彈性之下，提供人們最好的、無偏見和客觀的搜尋結果，並且清楚標示每筆付費廣告的搜尋結果。

但是，到了 AI 時代，你不知道 ChatGPT 怎麼訓練模型，也不能對結果溯源、無法影響它，無形中讓這個世界封閉起來，如果我們沒有刻意去檢驗產出結果，AI 會變成另一種形式的一言堂，導致世界的多元性消失。

這就是 ChatGPT 的局限，它「不能」保證資料的正確性與多元性。因為它是機率模型，與訓練資料有關，雖然在火車、客運班次等即時性問題上，詢問 AI 搜尋與知識工具 Perplexity 已經有所改善，但針對某些在模型中找不到相關資料的問題，AI 仍然會胡說八道，產出不可信的內容。

有鑑於此，現在很多人在強調 AI 倫理，要求 OpenAI 公布它的訓練資料來源。每個人的資訊素養也比以前更重要，大家要開始學會如何問問題、如何評估資訊的可靠性（參考第 25 章與第 26 章）。盡信書，不如無書，答案只是參考，要訓練自己有能力判斷 AI 給出的答案。而且，不保證正確，不代表不能用。

其次，人類還具有物理世界的強大知識，透過眼、耳、鼻、舌、身的感知，二歲的小孩知道斜坡容易跌倒、滾水

會燙、玻璃碎片會刺，這些都是語言模型目前無法學習的。Nvidia 共同創辦人暨執行長黃仁勳提出的物理 AI（Physical AI）概念亦反映這一點。在語言的世界裡，AI 已經是大師等級，但在物理世界，AI 目前的能力可能還不如一個二歲小孩。

所以，工廠裡的焊接機械手臂等工業型機器人，發展相對成熟；能模仿人類動作、透過簡單語言學習新任務的協作型機器人，則因為生成式 AI 問世，開始逐步發展。但是，需要細膩、安全的功能，能在銀行、學校、長照機構等場域應用的「服務型機器人」，還有一段長路要走，如同水電師傅是靠經驗學習，機器人至今還學不到這種「經驗值」。

理解 AI 的能與不能後，我們才可以妥善使用它。

學習德智體群美的新模式

一般來說，學校將學習分為德、智、體、群、美五個領域，我認為，AI 具備閱讀、推理、內容生成能力，可以應用在繪畫、翻譯、問答、寫作、插畫和程式碼生成等多個領域，因此有利於發展智育、美育，但德育、體育和群育，生成式 AI 是一點辦法都沒有。品格要自己學，體育課要自己動，AI 也無法和一群同學相處，學生還是得親自上陣。

以智育來說，AI 強大的閱讀、整理與推理能力，可以為

學習者提供前所未有的知識獲取途徑。最近，Deep Research 就是許多學生獲取常識、產出報告的福音。一名研究關稅議題的研究生，使用 Deep Research 花五分鐘就跑出一份報告，比老師教半天還有成效，而且那份報告還有來自世界各國的即時資料。

我也曾經在處理中美關稅戰時使用 Gemini 的 Deep Research 來整理報告。AI 把大量資料端到我面前，再重新組織、摘要，產生的完整性夠，做紀錄非常有用，我還藉此發現幾篇很有深度的報導。但是，也因為它過度引用所有資料，產出的報告廣而不深、創見不足。一般來說，一個主題的關鍵報告可能就那幾篇，可是 AI 沒有鑑別力，不會知道哪篇報告最有價值，所以使用者還是得要自己把關。

我的解決方法，是用 ChatGPT、Claude 等各種 Deep Research 引擎交叉質問彼此產出的報告，試著產出不同觀點。這種做法其實跟平常與人互動一樣，多用點心與 AI 溝通，它就可以發揮更大價值。不過，我要提醒的是，AI 四平八穩的論述，對學習、研究有用，但企業做決策的方式不是這樣，決策時不需要眾所周知的常識，要的是最犀利、精準的策略，這點目前 AI 無法做到。

在美育方面，AI 降低了學習美的門檻。以前上美術、音樂課，光是調色不好、五線譜不會看，就什麼都畫不好、什麼歌都唱不了，導致還沒開始學習就想著放棄，可是有了

AI 以後，你不需要歷經基礎的制式學習與創作過程，而是有較充裕時間做出「學習選擇」，你可以先使用 AI 理解學科大致組成，然後選擇有興趣的學習路徑，例如學習鑑賞畫作時，請 AI 產出圖像畫作，並解釋欣賞的角度與重點，如果能逐步引發個人興趣，再往下深度學習。

有人說，AI 產出的小說、圖片、影片缺乏靈魂，例如 AI 總喜歡用某些特定句型，很容易被人識破，究其原因在於 AI 是機率概念，自然有些規律在裡頭。但是，反過來說，正因為它的資料量夠大，才能試出各種人類沒見過的組合。OpenAI 發布影片生成模型 Sora 時，展示了影片《咖啡裡的海盜船》（*Ships in Coffee*），只見兩艘海盜船在裝有咖啡的馬克杯裡，上下翻騰、搏鬥，這種邏輯、這種組合，在你我的人生經驗裡，可曾見過？

AI 讓藝術變得無限寬廣，讓人類能探索的空間變大，天空可以是畫布，無人機可以當做彩筆，如果善用它的創意，能讓自己更有創造力。

人類早就將計算與記憶的工作交給電腦，如今連閱讀也逐漸依賴 AI。但是，即便 AI 的能力日益全面，我始終認為，它應該是我們的副駕，掌握方向盤的還得是自己，否則你就會喪失自我，失去解決問題的能力。

第 22 章

80 分才及格的年代，要做「π」型人才

2024 年 11 月，《哈佛商業評論》發布一份〈生成式 AI 如何影響勞動市場〉（*How Gen AI Is Already Impacting the Labor Market*）調查。研究團隊分析了超過一百三十萬個工作，發現各式生成式 AI 工具出現前後，全世界外包型、易自動化的職缺數量減少了 21%。其中，又以寫作、軟體、設計三大領域縮減的外包人力最多。

實力不夠，AI 來湊

這個數字說明了 AI 技術的普及將衝擊勞動市場，導致外包人力減少、正職人員職能遭受威脅。最近我常提醒，一項工作鍵盤敲得愈多，愈要小心。這代表你的就業領域高度數位化，機器容易學習，可替代性高。

例如，長期以來工程師習慣將程式上傳到 GitHub 這類

開源（Open Source）社群分享、討論如何優化。有了大量、完整程式碼數據，自動生成程式難度不高。

換句話說，AI 將許多工作的「及格線」從 60 分一舉提高到 80 分，迫使各行各業必須重新定義人力的核心職能和價值。過去，工程師只要做到 60 分就及格，現在得有 80 分才過關。在機器可以幫你生成程式碼的時代，很多工程師會苦於沒有除錯、優化程式的能力，遭遇極大挑戰。

分享幾個聽來有點壓力的例子。傳統上，醫師一職往往是社會菁英人才的首選，但 AI 技術的進步與採用，間接改變不同科別醫師的需求比重。平常在診間裡，常聽到醫師對患者說：「我們先檢查、化驗，二週後再回來看結果。」然而，檢查、化驗這件事，未來說不定交由能視覺辨識、篩檢的 AI 負責，尤其菜鳥醫師初期看 X 光片的經驗可能不如 AI。因此，看診流程可能變成，醫師只要查看 AI 生成的檢驗報告，確認與自己診斷結果是否相符，就能進入治療環節，不但縮短檢驗時間，還能提升診斷準確度。

這改變會讓以後醫學院在影像判讀、醫學檢驗領域的分科與需求下降。其他領域也一樣，事務所裡研讀、過濾和審查專利資料的專利律師可能會減少，因為這些相關事務幾乎可以使用 AI 來執行，因此這類律師的職稱與職能可能轉變成類似「技師」的輔助角色。

不過，這不代表醫師、律師變得不重要，而是醫療、法

律體系將重組。過去老闆只請得起一位 80 分的員工，有了 AI，同樣成本他可能可以請到 100 個具備 80 分水準的員工。有了 AI 幫忙，人們的專業及格線會愈來愈高，分級愈來愈明顯，我們進入人的價值慢慢下降、80 分才及格的年代。

在此情形下，平常表現普通的人想超過 80 分的難度會大幅增加。每個人隨便用 AI 都有 80 分，根本搞不清楚他的優缺點，主管以為他有 80 分，也不知道該從哪裡指導、加強，最終發現他的能力其實遠遠不如 AI。

但是，如果你原先的表現就出類拔萃，重要性只會更高，因為你可以靠著 AI 成為 1：99 中的 1。一個程度夠好的軟體工程師，具備深度系統架構能力，能夠運用各種 AI 工具快速產生程式碼，又擁有深厚的驗證能力，可以發現 AI 程式的漏洞，優化 AI 程式，日子將過得比以前輕鬆。

那麼，人類若想超越 80 分、讓 AI 無法取代自己，該怎麼做？答案是成為「π 型人才」。

如何成為 π 型人才？

網路時代，在單一領域擁有專業技能和知識的深度，又具備其他領域廣度的「T 型人才」當道，這詞彙聽起來有點陌生，不過講到「斜槓」應該你就不陌生了。然而，AI 重新定位職能，T 型人就像只有一隻腳在行走，已經走不遠了。

當前職場最搶手的是「π型人才」，他們就像π字那兩撇般，兩隻腳跨足兩種以上的專業領域，而且專業能夠互補發揮綜效，如此一來才能屹立於AI時代中，而符號裡的那一橫有如張開的雙臂，應兼具博雅素養與國際連結力。

從前企業為了追求生產力，習慣將工作拆解得很細。以軟體工程師來說，通常是由專案經理告訴他要完成哪些任務，軟體工程師做完後，再交由下游的品保工程師做測試。在人力充足的情形下，拆分工作確實可以提高整體生產力，但在少子化、事求人的現在，工程師如果能與AI合作，並擴展上、下游職位的能力，或許就能獨立完成一份至少橫跨三個職位的工作。

一來，AI能將程式碼寫到80分的水準、交出與客戶開會的工作進度摘要，為工程師節省很多時間。只是，AI可能會廣抓有智慧財產權的內容、寫錯程式，因此工程師的任務就是從AI手中接過半成品，進行更多測試（Quality Assurance）、除錯，將半成品從80變成95分。這個過程就像自己從寫作文變成改作文的人，必須先看懂他人的邏輯才有辦法修正，對專業能力的要求只會更高；同時，專案管理、使用者需求分析、產品設計等能力，也是工程師需要加強的技能。

最後，企業想打造培育π型人才的環境，則需要提供相應的設備支援。智慧型手機剛問世時，員工逐漸開始在手

機上處理公務，導致資訊外洩的風險提高。如今，公司更應該積極主導，為內部人員建置安全的 AI 工具平台，除了保障資安，還能釋放 π 型人才的潛力。另一方面，AI 應用產生的成果將在組織內部形成正向循環，持續加快生產力。對企業發展、個人職涯而言，善用 AI 來強化 π 型人才的優勢是鞏固競爭力的關鍵。

有人問我，AI 時代寬度、深度哪個更重要？我說，π 是無限尾數，寬度會比深度更關鍵。你不拓展寬度，怎麼知道自己對哪個領域更有興趣？而且，你要掌握各個領域的一些基本常識才能運用 AI。例如，你請 AI 譜寫一段旋律，如果沒有基礎的音樂概念，怎麼有辦法指揮、鑑賞生成的作品？所以，最起碼的寬度是什麼都要懂一點，懂到你可以指揮 AI，有能力判斷成果好壞；另外，寬度不代表淺，能力夠強的話，π 的兩隻腳可以無限寬、無限長。

聽起來好像有點難懂或有點難達成？不妨逆向思考，沒有 AI 時，碰到數學、物理等學科，總覺得理解一點點如同有學沒有懂，但有了 AI，這句話可以倒過來說，理解一點點就跳過漫長的學徒階段，直接達到 80 分的水準。既然如此，你為什麼不多涉獵一些呢？

AI 賦予人們新能力，我們不該局限自己，反而要樂於擁抱上、下游工作所需的能力，讓 AI 幫自己多懂一點，站得更穩、看得更遠。

第 23 章

寫程式不等於懂 AI

進入 AI 時代，為了避免孩子掉隊，家長無不繃緊神經，總想讓孩子及早學寫程式，好贏在起跑點上。我同意基礎的程式設計可以變成通識教育，但必須強調的是，「學寫程式」和「使用 AI」是兩回事。

精通 AI 工具比寫程式重要

在我看來，未來程式教育的重點應該擺在精通使用各種 AI 工具上。例如，許多人會下 excel 函數來完成特定任務，同樣地，家長也可以嘗試讓孩子在咿呀學語時，就像自己平常用 Google 搜尋引擎一樣，教他們用 ChatGPT、Gemini，與生成式 AI 自然對答、生圖、做音樂，當成遊戲一般來培養興趣。

我有個落腳新加坡的朋友，曾在台灣、上海工作，先前聖誕節時，他的四歲女兒用 AI 做了一張耶誕卡片給他，

上頭將台北 101、東方明珠塔和魚尾獅等代表三座城市的地標擺在一起。這對我來說也是一種程式，而且是非常高階的程式，朋友的女兒沒有任何寫程式的背景，僅僅利用自然語言就將三個看似不可能的元素湊在一起，展現出乎意料的創意。

相較之下，你不能在孩子二歲時教他寫程式，寫程式需要數理邏輯，如果缺乏基礎代數概念，可能會揠苗助長。所以，當你將程式設計視為學科學習時，要小心教導。不過，將 AI 視為數位工具在日常應用，則建議愈早開始、愈大膽使用愈好。這不僅能提升孩子的生活樂趣，還能擴大對事物的空間感。

至於「寫程式」？未來，程式設計未必人人要學，這就像目前交通工具主要是自駕車，但當我們知道無人駕駛很快會到來，還需要讓孩子學開車嗎？在 1：99 的時代，或許需要學寫程式的是那群最頂尖、天才的人，因為只有他們才能寫出比 AI 還要好的程式。資工系的訓練方式可能也會大幅調整，畢竟光是寫程式本身能學習的範疇，相較其他領域就窄了很多。

可以確定的是，我們應該學好提示工程，向 ChatGPT、Gemini 等高階 AI 下達正確、有效的命令。至於這叫程式嗎？已經不重要了，它就是某種協助我們完成生活所需的自動化工具。

只是，目前提示工程幾乎無人可教，因為 AI 有翻譯、畫圖、寫程式等綜合能力，每件事都是一個專業領域，而每個人需要完成的任務不盡相同，什麼樣的提示工程最好，還沒有人搞清楚，所以，現在大多是「我用的方法如果產出較好的結果，就分享指令給他人參考」的模式。但是，我相信，待大型語言模型愈趨穩定，會有類似「提示工程辭典」的範本出現，要是想寫信、想生成圖，人人就靠這本「參考書」完成任務。

跨學科學習才是王道

另外，好多人問我，AI 的即時翻譯能力又快又好，我們現在還要學外語嗎？其實，我很佩服學外語的人。外語很多時候不只是溝通，而是把自己丟到一個不熟悉的語境中，了解另一個文化，等於是用自身熟悉的邏輯，去學習另一套邏輯，這不也是一種程式語言嗎？

不過，想學好不容易。據我觀察，學外語的人勇於離開舒適圈，相對更活潑、有創造性，很值得鼓勵。只是，我要提醒，學外語時，要以「π 型人才」為目標，連國際政治、行銷管理等周邊相關專業一起耕耘，理解國家現況、市場趨勢、消費者喜好和差異化，如此一來才能拓展廣度，增加跨領域的職能。

學校的設計也可以據此改變，考慮將人文、社會科學科系合併成一個學院，就像電機資訊學院裡，有電機、資訊工程等系，學生入學之後直接一籃子有系統地學習電機、資訊等專業。同時，學制採大一、大二不分系的設計，甚至高中也不要分組，待學生真正確定興趣所在，再往下深入鑽研。古希臘、羅馬時期的學習不分領域，柏拉圖、亞里斯多德等先賢，既是哲學家，也是科學家，更準確來說，他們就是問題解決者。如今，進入只要呼叫 ChatGPT 就能畫圖、用 Gemini 就可以解數學題的時代，怎麼能輕易地讓學生在高中時就放棄藝術、數理呢？

　　有了 AI 後，對於學習，或許我們可以更有彈性。

第 24 章
薑是老的辣，老一輩第一次有了優勢

　　OpenAI 執行長奧特曼曾說，不同年齡層使用 ChatGPT 的方式有明顯差異。20 歲以下的世代，將 AI 視為一種全方位的作業系統（Operating System），生活中的各項事務都與 AI 串接，尤其六、七歲的孩童是最會使用 AI 的世代，他們沒有預設立場，什麼話都願意和 AI 說，才剛開始接觸 AI，便能展開長時間對話；二十至三十歲的世代，則將其視為「顧問」，從日常瑣事到人生決策都會諮詢 AI；至於三十歲以上的使用者，大多將 AI 視為搜尋引擎，用來查找已經存在的資訊。

　　從使用習慣看起來，由於三十歲以上的世代不是學生，不需要應付老師出的作業，他們也並非會計師、律師等知識經濟的工作者，沒有整理報告的需求，導致他們似乎缺乏使用 AI 的動機與競爭力。

　　不過，有一件事也許能激起你使用 AI 的興趣。

在 AI 時代裡，薑是老的辣，老一輩的人將第一次出現職場優勢。

從高年級實習生變成高年級老師

過去我們談典範轉移，大多是上一個世代被年輕世代給顛覆，這次 AI 帶來的典範轉移，卻是反過來將老一世代的優勢給放大了。

我們總認為年輕人的學習速度快，在數位技能、科技敏銳度上具有先天優勢。相較之下，老一輩對新科技、新工具、新觀念的接受度與學習可能需要花更多時間。可是，進入 AI 時代，反而具備專業基礎的資深人才學 AI 最快，因為他們長期累積的知識不僅能判斷 AI 生成內容的正確性，還不會過度依賴 AI，懂得善用 AI 創造更好的工作效率。

相較之下，現在的小小孩、年輕世代累積的知識和智力還不夠多，很容易全盤接收 AI 給的答案，之後極可能不再思考，最終將大腦「外包」給 AI。因此，在同樣一個十年進程裡，年輕世代借助 AI 獲得和發揮的能力，將遠遠不如已經擁有一定知識與專業程度的大人。

以「問 AI」這件事來說，將背景交代得愈清楚，才能得到愈好的答案。理論上，愈有經驗的人，描述會愈精準。即便表達能力不佳，無法清楚描述問題，但因為有一定程度的

先備知識，至少能判斷 AI 給的答案品質是好是壞。

我問過 AI 許多問題，例如：「為什麼下大雨的時候，蜜蜂的蜂巢不會淋雨？」、「為什麼蟻窩容易濕掉，而蜜蜂的巢穴比較不易受潮？」、「它們的發展進程分別是什麼？」這些問題都是立基在我知道蟻窩易濕、蜜蜂巢穴不易受潮等背景上，然後再往下發問，反觀小小孩因為缺乏先備知識，往往不知道如何從更廣泛、深層的角度追問，因此難以獲得全面且深入的理解。

基礎知識是彎道超車的關鍵

再分享當初我用 AI 的一個例子。

2024 年 11 月，為了應對與中國之間的科技競爭，美國國會美中經濟與安全審查委員會發布「AI 曼哈頓計畫」，裡頭有一份近八百頁的英文報告。某個專欄開了這個題目問我的看法，但我得先看過整份資料才能做答。報告共有十章，我先讓自己和 AI 共讀了「美中在新興科技領域的競爭」（U.S.-China Competition in Emerging Technologies）、「台灣」（Taiwan）這兩章，接著開始與 AI 互動。我問它，美中之間有哪些 AI 技術差距已經拉近、台積電的未來發展，以及美中 AI 競逐下，台灣可能遭受的影響，它都分析得非常到位，跟我自己讀完的心得差不多。接下來，我將剩下章節

交給它閱讀，並將專欄開的題目一一丟給它回答，結果都答得不錯，之後我再整合自己的想法，大概一小時便搞定這篇專欄。

在這個例子裡，善用 AI、提升生產效率是一回事，但如果將「分析 AI 曼哈頓計畫對台灣的影響」的題目，各拋給菜鳥和資深產業研究員做答，而且兩位研究員都用了 AI 來分析，那麼先備知識的多寡將是決定報告品質的關鍵。愈理解 AI 技術發展趨勢、台積電現況的人，愈清楚要問 AI 什麼問題，愈能與 AI 繼續深入探討。

當然，有了 AI 幫忙，菜鳥研究員產出的報告大多會有 80 分的基準，但要再往上加分、展現獨特性，通常會需要重要關係人的看法。媒體記者去採訪關係人，對方未必能吐露真話，可是若能問到產業關鍵人物的觀點，例如訪問到 Nvidia 共同創辦人執行長黃仁勳或台積電董事長魏哲家，整份報告將會變得更不一樣。AI 無法企及的，就是關係人的知識，而這就是老一輩的優勢所在。

雖然，下一個世代將是真正的 AI 世代，但經驗將決定我們能否善用 AI、保持競爭力。難得世界出現反超車機會，這次，你不好好把握嗎？

第 25 章
語言模型是文字接龍，用「問問題」代替解題

　　大型語言模型的原理類似「文字接龍」。當我們輸入一段文字時，模型會根據機率來預測下一個詞彙。例如，輸入「今天天氣很……」時，模型基於大量數據訓練、上下文的關聯，預測接下來應該要接「好」、「壞」、「熱」等詞，而非「房子」、「車子」等不相關的詞彙。

　　前面提過，AI 是透過一系列的 token 序列來預測前後文的關係，並根據機率生成合適的詞彙或句子。token 能打破語言界限，例如「大學」的上下文容易出現「教授」、「學生」，university 的上下文也會出現「professor」、「student」（圖表 11）。由於，這些詞彙的上下文語義相似，即使分屬中文、英文，也會匹配到語意接近的 token。這使得我們即便用中文詢問以英文資料為主訓練出的模型，AI 亦能理解不同語言中相似詞彙的意義。而且，隨著使用者變化輸入內容，模型同樣會相應改變預測結果。

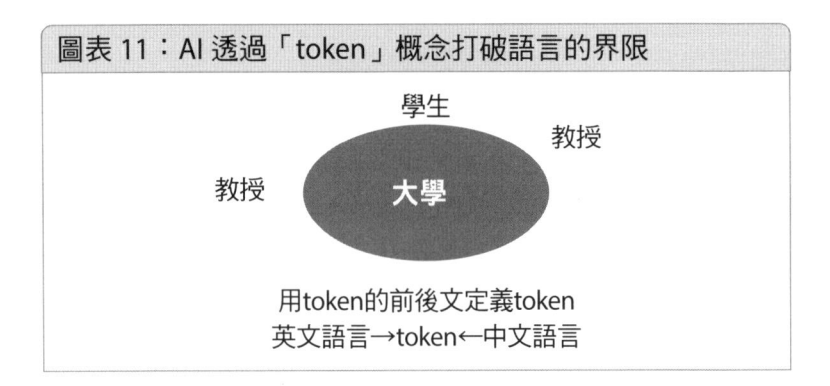

圖表 11：AI 透過「token」概念打破語言的界限

學生
教授
教授
大學

用token的前後文定義token
英文語言→token←中文語言

由於語言模型「文字接龍」的特性，讓我們與 AI 互動時，獲得的答案品質完全取決於提問方式，等於我們能以「問問題」來解題，甚至藉由與 AI 互動、問答來保持學習與思考的能力。

問題是，這和台灣教育的運作方式幾乎背道而馳。

問一個好問題

在傳統教育中，學生一輩子都在「解題」，尤其台灣擅長工程教育，學生的解題能力格外強大。我在 Google 時，曾聘用約一千名同事，有九百多位是工程師，裡頭卻沒有一位來自台灣的產品經理。

大家可以回想一下台灣義務教育的考試經驗：老師出

題，學生不斷解題，題目是老師昨天告訴你的，而解題的方式和答案也是他告訴你的。這麼看來，老師其實和 ChatGPT 很像，都是藉由問答來給出答案。唯一的差別是，你會不斷地和 ChatGPT 互動，答案隨著問題的調整而變化。然而，我們的傳統台式教育裡，大多數答案是固定的，只有迎合老師的標準答案，你才能考到 100 分。

　　細想，或許我找到大學聯考考壞的藉口了。聯考前，我的成績都很好，到了正式考試時，考卷上大部分都是我沒做過的試題，因此高度懷疑那些敘述簡單、過於簡化的題目，我在複選題通通填上「以上皆非」，結果分數果然被倒扣光光。可是，後來念碩士班、博士班、進入中央研究院工作，投入 AI、語音辨識、中文檢索的研究領域，我看見每件事的不同面向，在「不疑處有疑」反而取得不錯成果。

　　進入 AI 時代，我認為問出一個「好問題」是最關鍵的能力之一。2023 年 11 月，北京互聯網法院針對 AI 生成內容著作權歸屬一案做出判決，認定只要使用者能證明 AI 生成的內容是依據自身具體指令產生、且有一定的創作投入，內容的著作權便歸屬於使用者，這不就證明問問題、下指令的重要！

　　可惜，因為台灣的教育模式使得問問題成為我們最缺乏的一環，每當老師問「有沒有問題」，往往只會得到一片沉默。

對此，我建議師長必須先調整觀念，認知學習的「過程」比結果更重要，並試圖誘發學生的學習動機。例如，避免學生直接複製貼上、將大腦外包，作業不能只看答案，可以改為針對一個主題提出多角度的問題，並要求學生記錄得出答案的過程。

另外，老師也不再只能「單向授課」，必須化身成協助學生挖掘知識的引導者。未來的老師更像棒球隊教練，不會一直示範投球，反而要花許多時間讓球員組隊練習，自己從旁觀察，隨球員情況調整訓練方式、提供指導。

下回用 ChatGPT、Gemini 時，不妨打破東方教育「愛解題」的習慣，先問它：「我如何問一個好問題？」接著再問：「我該提供哪些資訊，我的答案才會更好？」跟它持續互動、甚至要求它之後，你會發現，一切變得不一樣了。

「我如何問一個好問題？」是我問過 AI 最好的問題。

第 26 章
如何問一個好問題？

儘管，我們知道大型語言模型如同文字接龍，答案品質取決於提問方式，但台灣重視解答的傳統教育，讓問問題幾乎成了世界上最難的事。那麼，我們究竟該如何問一個好問題？

我把問題拋給 AI，它給了我「引導式問題」的回答，意思是你必須不斷與它互動，表明你要它往哪個方向去。主要做法是與 AI 互動時，提問遠遠不止單純詢問，更是一種「雙向溝通」與「引導」。你可以用不同的方式去「教導」（Coach）、「訓練」（Train）、「指導」（Guide）甚至「引導」（Instruct）AI，我提到的這些詞彙，各自強調了不同程度的互動和對 AI 的影響。只要懂得運用高水準的提問方式去引導 AI，就能讓 AI 產出媲美專家水準的內容。

這裡分享一些引導式提問時的小技巧。

引導式提問的技巧

首先,必須「禮貌提問」。日常生活中,「禮貌」是決定能否獲得回音的關鍵,而這樣的態度同樣適用 AI。因為大型語言模型就是文字接龍,它會根據你提供的資訊,找到機率最高的回覆選項,因此任何對話細節都有可能改變它的答案。

例如,你的提問動輒夾帶髒字,AI 就會配合對話氛圍,傾向從風格相似、用字粗俗的內容庫中尋找回應答案。簡單來說,AI 的資料庫裡有各類訓練資料,如果不想獲得髒話大全,謹記以禮貌、專業的口吻發問,愈有機會獲得你想要的答案。

其次,可以改用「英文發問」。ChatGPT、Gemini 都是語言天才,能掌握上百種語言,不過,由於它們七成的訓練資料是英文,光是用中文發問可能沒辦法得到理想的答案。這時不妨用英文試試,通常會獲得更多、更準確的回覆。萬一英文不流利怎麼辦?別擔心,先請 AI 將問題翻譯成英文再問它,取得英文答覆後,再請 AI 譯回中文。

最重要的一點,是「提供充足的背景及情境資訊」。引導式提問的精髓是做好前情提要,將人、事、時、地、物交代明白,AI 提供的答案才會更完整。例如,你不能沒頭沒腦問 AI:「國慶日是幾號?」AI 可能因為英文的訓練資料多,加上不認識你、不知道你的背景,第一時間便回答:

「美國國慶日是 7 月 4 日。」因此，與 AI 互動之初，不能像跟家人一樣說話那樣精簡、省略，應該將其視為主管，你得謙卑有禮、凡事說得清清楚楚，反覆詢問還需要提供哪些資料？一方面是為了驗證訊息準確性，同時也讓 AI 全面理解複雜問題，為你找到最佳解決方案。待獲得答案、你也差不多滿意後，就可以顛倒角色，告訴它這個不行、那個不恰當，進而將 80 分的答案再往上提升。

不要忘記 AI 的侷限

要注意的是，看似扮演「神助教」角色的 AI，其實有其侷限。像是 ChatGPT 向來以一本正經胡說八道著稱，給出的答案未必正確。

當然，AI 未來勢必會朝高度個人化發展，或許它的資料庫早已記錄了你的資料，記得你住台北，能直接告訴你最近一班從台北開往桃園的火車時刻，答案一定會愈來愈準確。可是，若有足夠的發問與追問意識，不僅能避開 AI 的幻覺，還能培養出分析、總結問題和獨立思考的能力。

我常有一些奇奇怪怪問題，都是在與 AI 不斷互動中獲得詳實答案。舉例來說，我在台大 EMBA 教授策略思考課時，為了讓學生腦洞大開，自己先問了 AI：「為什麼台灣人沒有將番薯當成主食？」它給我文化背景、身體適應與生

理反應、收成次數等回應後,我再追問「其他國家吃哪些主食?」、「與番薯營養接近的主食有哪些?」等問題,與 AI 聊了好久好久,最後完整串聯整個議題脈絡、總和我的想法,並將題目帶到課堂上發揮。

我甚至以 AI 為師,詢問它:「我是一個九歲小孩,你是我的老師,我該如何問你問題?而且你教我之後,不會讓我變成『大腦外包』?」它除了要我引導式提問、詢問「組合題」,以及將大哉問拆解成多個相關的小問題之外,還建議孩子將整個問答過程記錄下來交給老師,而且要用自己的話重講、重寫一遍,才能確保知識被你內化、吸收了。

總之,透過引導式問題、禮貌提問、詳細交代背景與情境,以及必要時使用英文提問,才能確保獲得 100% 完整的答案。西方教育已經非常習慣這樣的學習過程,但台灣教育還不習慣,應該加快腳步學習。

第 27 章

AI 可以當老師，但要小心大腦外包

AI 對學習、教育的影響已經有諸多討論，我目前的結論是，在學生端與「年齡」有很大關係。其中一個最大的顧慮是依賴性。

當心過度依賴 AI

如果沒有家長或老師在一旁提供指引，孩子使用 AI 時，很可能就只是輸入老師的問題，得出答案，然後結束與 AI 的互動。這類使用方法對於目前世界的認識還很有限、也缺乏知識基礎的小小孩影響最大，可以預期長此以往，很快就會出現大腦外包、對 AI 過度依賴的問題。

我喜歡用哆啦 A 夢與大雄來比喻小孩與 AI 之間的關係。AI 就像孩子的哆啦 A 夢，可以從百寶袋裡變出各種工具，幫他們解決各種問題，但哆啦 A 夢在幫助大雄時，也常常對他說一句話：「你不要太過依賴我啦。」

行動網路世代早就向我們展示過，數位工具帶來益處的同時，副作用也會隨之而來。因為網路，我們得以用遠距工作、遠距教學的方式度過疫情的封城時期。但是，我們同樣看到，這個世代的孩子因網路社群媒體變得更焦慮；也因為網路的多工能力，使專注變成匱乏資源。

　　目前，我們還不知道大腦外包的副作用是什麼、會嚴重到什麼程度，但這恐怕會是比將手機和平板交到孩子手中更難解的一道習題。人們過度依賴計算機，就不會算數，過度依賴硬碟，記憶力就會變差，這些對人類的影響看起來都還好，而且我們真的需要記那麼多電話號碼嗎？好像也未必。

　　問題是，AI 時代帶來了閱讀的衝擊，這一次，我們不去搜尋了，而是直接問 AI 問題，它把答案給你，而你拿了就走，中間完全沒有閱讀。如果所有數學題目都讓 AI 解，所有英語文章都由 AI 翻譯，那你如何學習與成長？

　　所謂大腦外包的概念，是指在學習過程中，你不知不覺把別人給你的問題拿去問 AI，然後不加思索地直接採用 AI 給的答案。不同於我們用的搜尋引擎，它產生的答案至少還需要我們逐一點擊、閱讀，AI 是直接擊潰你的學習能力。我們說，解決問題有一部分是找資料的過程，搜尋引擎縮短了我們找資料的過程，但如果連閱讀過程都沒有，長此以往當然會喪失學習能力。

教育變革

凡事有剛需，學生偷懶、不想做作業，確實會將作業丟給 AI，要 AI 協助做答，但這也會逼著老師、學校跟著轉型。

AI 剛推出時，英國牛津、劍橋大學……等多所名校馬上宣布，禁止學生使用 ChatGPT。不過後來，這些學校又紛紛撤銷禁令，聯合國教科文組織亦曾指出，大學以上的學生應該放手讓他們使用 AI。大轉彎的原因在於，他們發現善用生成式 AI 的問答形式，並搭配「教學與評量」引導，反而能因材施教，依照每位學生的學習需求，客製化課程。

因此，AI 的教育關鍵，就在教學端的老師身上。老師使用 AI，有益無害。

AI 的最大優點是對話能力，老師可以善用這項特性，讓 AI 擔任助教、小老師，陪伴孩子學習。非營利教育機構可汗學院（Khan Academy）發現，由 ChatGPT 陪伴兒童學習，授課進度能配合每一位學生的程度，學習壓力比單向授課小。而且，與 AI 老師一來一往問答會讓學生更投入。教育是很適合 AI 發揮的領域，資料愈完整的領域，愈容易建構 AI，網路上的教育課程內容豐富且完整，考卷、考題也隨處可得，使得學生坐在電腦前，就能與 AI 老師一起學習。目前，Google 已經為兒童開發特殊版本的生成式 AI。

AI 都當了老師，那人類老師要做什麼？

過去，老師只有一半時間花在學生上，另外一半時間可能用在備課、批改作業、處理校務等行政事務上。聯合國教科文組織認為，有了 AI，老師可以縮短大半的行政作業時間，空出更多心力與學生互動，同時利用 AI 清楚記錄每位學生學習歷程的特性，設計出客製化的教學。

其實，在生成式 AI 出現前，北歐早就逐步採取這樣的教學模式，我見過他們的實驗教育，孩子一進到教室就拿出自己的筆電、平板，裡頭詳實記錄每個人的進度，誰有問題便舉手發問，老師會在一旁為他們解惑。2023 年，生成式 AI 問世後，哈佛大學教授大衛・馬蘭（David Malan）開設一門八百人選修的資工通識課，因為很難一一回應學生需求，他便用 AI 開發機器人助教，讓師生比達到 1：1。AI 助教透過問答來引導學生理解程式語言，還能幫忙修改錯誤；老師則像教練、引導員，花更多時間與學生討論。

要特別提醒的是，老師可以靠 AI 出作業，拋出複雜的組合題、專題研究，讓學生自己找題目、寫報告，再讓他們上台分享；考試也建議改成口試或進教室筆試，透過學生的表現來評量他們是不是真的有所吸收。

三千年前，孔子堅持因材施教，即使周遊列國也只能教出七十二個傑出弟子。現在，我們有了生成式 AI，很容易做到個人化教學，大幅降低教學成本。人類老師不再是課堂唯

一的主講者，老師反而要做好監督角色，確保教材正確，與擅長引導的 AI 老師合作，更精準的因材施教，提高學生學習動機，並強化學生間的協作。老師單純在台上寫黑板，學生只在台下安靜聽課的時代即將過去。

第 28 章
師法 AI 超級使用者

「AI 不會取代人類，但使用 AI 的人會取代不用 AI 的人」這句話已成了 AI 時代的經典名言。我更擔心的，是你身處沒有競爭力的地方，身旁的親朋好友、老闆同事都不用 AI，那我們真的就集體比不上別人了。

跟著超級使用者走

當外在推力不夠強烈，要推動行為改變，最簡單的做法是找出「超級使用者」。因為這波生成式 AI 的發展已經讓 AI 的使用門檻降得很低，所以只要身邊出現一個懂得在工作和生活中大量應用 AI 的超級使用者，周遭的人就會跟著有樣學樣，很容易跟著改變。

對此，我們應該盡量在身邊、在企業組織裡，找到會用 AI 的超級使用者，學習人家的用法。我相當鼓勵「抄襲」超級使用者的方法，讓那些方法成為參考資料、被推廣的教

案，只要你看過別人使用 AI 的方式，不僅可以學習，還會學得很快。

目前最具代表性的超級人類，應該是伊隆・馬斯克了。從 Tesla 的電動車和人型機器人、SpaceX 的星艦和星鏈、xAI 的生成式 AI「Grok」，到 Neuralink 的植入式腦機界面技術，他掌握的各種新興科技，是美中抗衡下美國仍能勝出的關鍵。即便中國有全球數量最多的工業機器人，但 Tesla 的 Optimus，擁有從自動駕駛技術轉化而來的 AI 技術，以及電機、電池和電力電子學的專業知識、結構設計和規模化製造能力，是現在表現最好的人形機器人。種種破壞式創新和願景，讓馬斯克早早晉身超級人類的一員。

覺得馬斯克離我們太遠？再看一些身旁的例子。

圖文不符共同創辦人、百萬 YouTuber 志祺七七，便運用 AI 打造數位分身，在事業上創造一個「互補的自己」。他的數位分身能在他不需額外投入時間的情形下，產出過往沒有耕耘的短影音，還能讓他直接在影片中說英文，不必擔心說錯話 NG 重來，將受眾拓展到台灣以外的市場。

再來，台灣圖靈鏈創辦人胡耀傑，在申請歐盟的各項研究計畫時，為了加快速度、讓申請規模化，也使用了 AI。他先將公司資料庫化，並讓 AI 爬取研究計畫網頁內容，接著再向 AI 示範、引導做答一兩次，AI 就能依樣畫葫蘆，高效地自動填寫申請書，陸續把一百多個研究計畫統統填完，甚

至能流暢應對法文、德文等數十種語言。

我還遇過一位導遊，和客戶開會時會用手機錄音、記錄，並讓 AI 提醒他要留意的小細節；帶團出國時，他把拍的照片、語音紀錄交給 AI 修，遊記也讓 AI 寫，增加了社群發文的頻率。現在他每到一個景點，AI 甚至會提醒他要注意哪些事情。換句話說，他等於多了個超級個人助理，而且一個人可以抵四個人用。

人的時間有限，每個人一天都只有二十四小時，對超級使用者來說，工具已經存在，AI 就是提升生產力、效率的絕佳幫手。

語言是學習知識的起點

同樣的事情，也出現在語言問題上。例如，有說法認為「學語言」不再必要，確實，某些跨國企業裡，AI 等於讓來自世界各國的員工有了可以直接溝通的翻譯軟體，AI 不僅能做到即時同步翻譯，而且相當精準。使用者甚至聽不到語言轉換的時間空檔，假設你說的是中文，翻譯出來的語言就是中文。

但如同前面所述，語言做為理解異文化、擴展思維邏輯的途徑，還是有學習的價值所在（參考第 23 章）。最近就有份報告顯示，因為生成式 AI 提供「情境式學習」的方

法，讓矽谷許多工程師學習世界語言的速度變快了。有個想學中文的印度人，來到一間中餐館後可以叫 AI 客製問題，他當場能與老闆練習對話。要是講不通，他再向 AI 說明自己的處境，讓它幫忙想想可以如何回覆。

同理可證，餐廳老闆能不能這樣學語言、做更多生意？假設台大附近的麵店有國際學生、遊客造訪，老闆不會說英文該怎麼辦？老闆可以要 AI 教他十種常用、簡單的英文應對，不到 1 秒，AI 就能完成任務。

至於我，很多人好奇我怎麼用 AI ？我不是超級使用者，因為工作型態的關係，用的其實不算多。但是，我很熟悉自己的工作流程，也了解每個工具的特性，知道什麼時候需要多個幫手。

像是我會讓 Google Gemini 幫我讀資料，利用 Deep Research 搜尋過去幾年我的演講、採訪，將自己的觀點整理成精華報告，做為日後參考備忘用；也使用 Google NotebookLM 將各式檔案轉成逐字稿，並快速摘要散落各處的重點資料，問 AI、與 AI 互動是我常用的方式，這本書的初步章節設定就是與 AI 討論設定的。

最近，Gemini 更協助我分析九十七歲父親各科長期處方箋的藥物，老人家年紀大了，看的科別多，各科的治療角度不同，藥物的副作用難免相互矛盾，於是我將藥單交由 Gemini 綜合評估，發現一顆藥可能不適合長期服用，最後也

徵得醫師同意，移除那顆藥。

　　AI的使用是點點滴滴、涓滴成河，現代人只要某個地方落後一點，長時間下來，生活、工作的品質就有差了。

第 29 章

AI 時代，軟實力無可替代

凡是可以用語言學習的知識，AI 都比一般人強。人類多數知識，是後天經過語言學習而來，我們學會後，也用語言表達、傳授這些知識。網路裡長期積累的訓練資料，已經多到讓 AI 可以理解、學會各種新知。

但是，人類自出生起就有視覺、嗅覺、聽覺、味覺、觸覺等五感，小孩會在地上到處爬、到處摸、到處看，知道什麼是香、什麼是熱、什麼是痛，不小心摸到轉動的電扇會被大人提醒危險、不能碰，孩子經由學習來保護自己。這叫做「感知」。

成為有感知的人需要具備哪些特質？

感知很難取得訓練資料，也難以用文字表達，更涉及對即時、多模態訊息的複雜整合與情境理解，這是 AI 的匱乏之處。例如，孩子能立即識別電扇的潛在危險，是因為視

覺、聽覺甚至潛意識中的觸覺記憶，在頃刻間完成了對「危險」的綜合判斷。這種超越單一數據輸入的實時性、複雜性和多模態整合能力，是 AI 目前難以逾越的鴻溝。

所以，AI 能夠以知識型機器人之姿，寫出十四行詩、解讀燒焦變形的古羅馬卷軸，但長照、護理等需要感知的協調敏捷機器人，AI 卻做不出來。

在一個組織裡，上至管理者、下至工作者，都需要具備溝通、協調、協作、同理、抗壓、領導等無形的軟實力，這是未來讓人類脫穎而出的關鍵。雖然，AI 的專業知識、硬實力確實很強，AI 卻沒有完整的五感，所以軟實力的培育還是得靠自己。

台灣教育裡原本就較少著重培育軟實力，就拿工程師來說，很多人認為自己只是去解決一個科學問題，卻沒有從市場需求去思考它，沒有從團隊組合的角度去考量它。

我長期觀察，台灣受限於環境、教育制度，培養出的人才特質較單一，反觀美國號稱鎔爐，有來自世界各國的人才，員工大多具備多元特質。例如，美國的軟體工程師除了具備資工專業之外，還有管理能力，這些特質源自於歐美教育從小對協同作業、團隊合作的要求。相較之下，台灣的工程師去參加奧林匹克數學競賽，輕易就拿個名次回來，但你叫他管一百個人，他可能一點辦法都沒有。

我在 Google 開會議時，就親眼見識美國工程師的企圖

心、協作能力和勇於任事的態度。開會時，缺個會議主席，十個與會者人人舉手，搶著當主持人；會議結束後，他們又迅速找出遊戲規則、分配角色，規畫好彼此負責的任務。

強大的協作能力來自重視溝通、對事不對人的原則。記得我剛加入 Google 第三天，在總部開會時就親眼看到與會者吵吵鬧鬧，之後看會議記錄，意外地發現兩位創辦人都在裡頭，我卻看不出誰是誰。後來在 Google 台灣也一樣，主管和工程師吵到面紅耳赤，但會議結束，他們就一起去吃飯，不再談論剛剛發生的事。在他們的觀念裡，意見不同很正常，只要妥善溝通就好，也不認為激烈的「意見交換」有什麼不妥。可是，在台灣的文化裡，只要被人批評就很容易對號入座，要是加上玻璃心，內心的小劇場不會少。

同理心也是必備的軟實力。我的好友李開復曾經說，我有高度的同理心，那指的未必是人心、情感上的同理，而是我可以揣摩自己是顧客、工程師等不同角色，全盤考量當下情勢後，再做出相應回應。以前大老闆曾問過我，如何在離總部很遠的情況下，將 Google 台灣打造起來？我說，要被看到、被重視很難，因為每回視訊開會，畫面裡不是沒有我，只看到簡報，就是只出現我的一顆大頭，所有人都覺得干擾。所以，我同理與會者的心情，平常不輕易出聲，但只要一開口，就是拋出一個極有用、有貢獻的建議，長期積累信任。這是當局外人久了，訓練出迅速互換角色的同理心。

我說過，AI可以代勞智育，在知識的學習與運用已經展現超凡能力，讓學生、師長和工作者投注更多心力在日常的溝通互動、情感交流、協同作業和團體合作等軟實力上。例如，工程師有了AI幫忙，便不需要再花時間練習解決小的科學問題，反而有時間去加強專案管理、決策能力。至於分析師和律師，則會更像「可信賴的仲介者」，在利用AI處理知識、數據的同時，將資訊轉化為有價值的建議或解決方案，以好理解的方式傳達給客戶。

　　未來的世代，軟實力比硬實力更重要。當軟實力增強，就不會成為大腦外包的空殼，而是個可以駕馭AI的人。

小結

讓 AI 來翻轉個人學習與國家教育

　　AI 對世界的影響是全面性、無所不在的，其中有好有壞。對我來說，最難的部分在於教育制度的調整，使得我們對孩子的教育手足無措。

　　老師自己都還是 AI 移民，尚未成為 AI 原住民，缺乏把一個素人直接拉到 80 分的經驗，遑論是將 80 分變成 90 分。所謂十年磨一劍，以前師父教徒弟，要一點一滴從基礎往上教，但今天有了 AI，徒弟不用會爬、不需學走，直接就能振翅高飛、化身為鳥，這衍伸一個問題：那我們還要教孩子走過爬行階段嗎？

　　AI 改變學習方式，讓學習更有效率，但回到我一直強調的「1：99 的挑戰」，它也是個遊戲規則改變者（Game Changer），會拉大贏家、輸家間的差距。AI 用得好的孩子，有寬廣視野、會問問題、具鑑賞力，而這一切還是源自師長的陪伴與引導。

　　前陣子，我外甥女的小孩拿了我的平板，馬上打開

Google Gemini，和它用英語對話了一小時，玩得不亦樂乎。而且，他一開口，就是向 Gemini 詢問「How many numbers in π（π 裡有多少數字）？」、「What's the 10th digit after the decimal point of π（π 的小數點後第十個數字是什麼）？」等問題。為什麼小小孩會問這類問題？因為他爸爸是物理系畢業，平常會陪他、教他一起用 AI，讓 AI 成為生活中的一部分，與 AI 之間零距離。

如何陪伴與引導小孩學習 AI？

顯然，AI 來得又急又猛，有家長陪伴、輔導的孩子，在家就能立刻使用「AI 家教」。而這些孩子因為善用 AI，在學校的表現會遠遠超前，要是老師不改變評量方式，學校沒有應用 AI 助教、AI 教師，教育制度可能會亂套，導致體制外的教育系統日益蓬勃發展。日前，Google Gemini 針對語言學習推出情境對話、道地俚語和文字相機學習等實驗工具，就是在顛覆傳統的英語教學模式。

對於緊張的家長，我建議，如果自己本身不是 AI 超級使用者，就不能急著想讓孩子成為超級使用者，因為你無法教導孩子連自己都不熟悉的工具。上一代的台灣父母大多數書念得少，所以他們的做法是將教育全面交給學校，在過去這是務實的選擇。如今家長大多接受過高等教育，在 AI 普

及、快速變化的時代,家長已經很難完全依賴學校。當初一○八課綱實際落地,家長就花了不少心力來更新教育內容,但AI發展遠比課綱改革還快,教育系統還在調整時,AI早已進入孩子的生活場域。因此,比較好的做法是,一方面家長應該先讓自己成為AI超級使用者,以樂觀積極、主動學習的態度擁抱AI,同時採取有節制接觸、漸進式放手的策略,參與孩子與AI互動的過程,進而引導孩子找到正確方向。

1997年,IBM超級電腦「深藍」(Deep Blue)[1]擊敗俄羅斯傳奇西洋棋大師卡斯帕洛夫(Garry Kasparov)。卡斯帕洛夫原本很擔心,自己的失敗證明了人類不如機器,甚至將終結人們下西洋棋的興趣。但是,在後來他出版《深度思考》(*Deep Thinking*)一書中,他反思了這場敗仗,總結道:「打不過就加入它吧!日子會過得更快樂。」

隨著AI的進步速度已經以「日」來計算,尤其是在記憶、計算、閱讀等領域,表現遠遠優於人類,人類需要認真審視自己與AI的關係,而非一味抗拒,就像我們明明知道火很危險,仍然需要學會使用火。如果不接觸、不使用,人類就無法發展出今天有別於其他生物的文明。況且,世界上已經出現一個可以二十四小時陪伴在側的AI助教,要是不

---

[1] 深藍是一台擁有32個節點(每個節點含8個CPU,總計共有256個CPU)的IBM RS/6000 SP電腦,由IBM開發,專門用以分析西洋棋的超級電腦。

將這樣的能力交給小孩，對他們並不公平。

我們常習慣以「對」或「錯」來評價事物，如果這樣看待 AI，就低估了它真正的潛力。不論是物理、化學等科學研究，或是任何形式的知識探索，總非一帆風順，想找到答案，需要透過不斷嘗試、犯錯、修正而來。AI 現在仍有幻覺，會給出錯誤答案，但它的價值在於讓我們能更容易、更快速地「探索」世界，並從中獲得有價值的結果。

早年談的**翻轉**教育，是打破刻板式教學的森林小學、實驗教育；這回，AI 問世，若是好好把握，相信又會是一次全面**翻轉**考試、排名甚至人生的機會。

結語

我們都是 AI 世代

在我的職業生涯中，差不多每 10 年就見證一次數位革命。

1990 年，我在當研究生時，個人電腦出現，宣告「電腦時代」到來，人們開始在自己的桌上擁有運算能力；2000 年，我在中研院做研究，網路開始擴展，進入「網路時代」，我們可以隨時隨地連結世界、獲取資訊；到了 2010 年，我在 Google 台灣工作，行動裝置、社群媒體興起，掀起「行動時代」浪潮，人們的生活、工作方式被全面顛覆，所有資訊與社交活動都變得即時且無遠弗屆；2020 年，我準備退休時，正好迎接生成式 AI 的問世，AI 時代已然出現，我們有幸躬逢其盛，見證這場劃時代的變革。

是危機也是轉機

回顧歷史，只要面對改變，人類就會感到不安，尤其是

每一次的科技革命,都廣泛地影響了產業、社會、文化,從根本上改變我們的生活、學習與工作方式。儘管,並非所有人、所有企業、所有國家都以同樣的方式,感受到這些科技革命,但它們所創造的新世界,在任何地方都是希望和擔憂的來源。

1903 年,萊特兄弟飛向天空,帶領人們造訪從未去過的地方。即便一百多年過去,現在只要看到任何飛機失事的新聞,仍然會讓習慣在地上爬行的我們提心吊膽,那是身為陸地生物的天性反應。確實,風險永遠存在,但以機率來說,如今百萬次的飛行才可能出一次意外,而人類一生頂多飛行幾千次,這其實是高度安全的。更重要的是,要是沒有飛機,我們就無法探索世界,也唯有願意承擔這份不安,才得以探索未知。

這次的 AI 也一樣。它帶來擔憂,卻也帶給我們突破極限的機會。

前陣子,聯合國教科文組織發布一篇文章,標題叫做《我們都是 AI 世代》(*We are Generation AI*),意指進入 AI 時代後,不論我們年紀多大、多小,我們都是人類史上第一代的 AI 世代,這是確定的事。

身為 AI 世代,我們應該先稍稍放下擔心自己被取代的焦躁,以及無時無刻要跟上 AI 最新技術的焦慮。我們可以做的,是留心它、對它有感。例如,你有注意到吉卜力的生

圖風潮嗎？你知道那在做什麼嗎？

　　AI 的進入門檻其實很低，以前知識經濟是「知難行易」，進入 AI 時代，情況正好相反，是「知易行難」。只要有一定程度的了解，能說話、打字、問問題，立刻能讓 AI 為自己賦能，起碼獲得 80 分的程度，只是要再往 90 分、100 分邁進，就看個人的創意與努力了。

圖片來源：
由 ChatGPT 生成，希望大家敞開心胸、發揮創造力去使用 AI，開創未來無限可能

所以，不妨把握大家都齊平身為「AI世代」的契機，換個心情來看待AI，讓天空成為你的畫布，無人機做你的彩筆。如果你擁抱AI，它不會剝奪你的藝術能力，也不會搶走你的創作能力，反而能讓你實現更多想像，更有機會弭平國家、企業、個人之間「1：99」的差距。我希望看到住在台灣島上的居民、下一代的孩子，有更好的未來。這個未來是一個有AI的科技島，讓我們可以開創更智慧、更美好的生活。

現在，邀請同為AI世代的我們，繫好安全帶，準備起飛。

台灣 AI 大未來
解析最新的 AI 趨勢、台灣情勢、企業布局與個人發展

作者	簡立峰（Chien Lee-feng）博士
採訪整理	蕭玉品
商周集團執行長	郭奕伶
商業周刊出版事業處	
副總經理	張勝宗
總編輯	林雲
責任編輯	潘玫均
封面設計	Javick工作室
內文排版	点泛視覺設計工作室
出版發行	城邦文化事業股份有限公司 商業周刊
地址	115台北市南港區昆陽街16號6樓
電話	(02)2505-6789　傳真：(02)2503-6399
讀者服務專線	(02)2510-8888
商周集團網站服務信箱	mailbox@bwnet.com.tw
劃撥帳號	50003033
戶名	英屬蓋曼群島商家庭傳媒股份有限公司城邦分公司
網站	www.businessweekly.com.tw
香港發行所	城邦（香港）出版集團有限公司
	香港九龍九龍城土瓜灣道86號順聯工業大廈6樓A室
	電話：(852) 2508-6231　傳真：(852) 2578-9337
	E-mail：hkcite@biznetvigator.com
製版印刷	中原造像股份有限公司
總經銷	聯合發行股份有限公司
	電話：(02) 2917-8022
初版1刷	2025年 9 月
初版7.5刷	2025年11月
定價	400元
ISBN	978-626-7678-56-5（平裝）
EISBN	978-626-7678-55-8（PDF）／978-626-7678-54-1（EPUB）

All Rights Reserved. 版權所有・翻印必究
Printed in Taiwan（本書如有缺頁、破損或裝訂錯誤，請寄回更換）
商標聲明：本書所提及之各項產品，其權利屬各該公司所有

國家圖書館出版品預行編目(CIP)資料

台灣AI大未來：解析最新的AI趨勢、台灣情勢、企業布局與個人發展/簡立峰著. -- 初版. -- 臺北市：城邦文化事業股份有限公司商業周刊, 2025.09
　面；　公分 ISBN 978-626-7678-56-5(平裝)
1.CST: 未來社會 2.CST: 資訊社會
3.CST: 人工智慧 4.CST: 臺灣
541.49　　　　　　　　　　　114010227

藍學堂

學習・奇趣・輕鬆讀